■ 浙江省哲学社会科学规划后期资助课题（23HQZZ04YB）成果

■ 浙江省社会科学界联合会研究课题（2022N17）成果

■ 浙江工业大学人文社科后期资助项目成果

■ 浙江工业大学人文社科"共同富裕下的美丽城镇发展战略"
　咨政研究专项项目成果

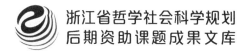

浙江省哲学社会科学规划
后期资助课题成果文库

# 乡村全面振兴背景下小城镇特色发展的机理、评价和路径研究

王岱霞　蔡瑶倩　孙　奇　著

ZHEJIANG UNIVERSITY PRESS
浙江大学出版社
·杭州·

**图书在版编目(CIP)数据**

乡村全面振兴背景下小城镇特色发展的机理、评价和
路径研究 / 王岱霞,蔡瑶倩,孙奇著. — 杭州 : 浙江
大学出版社,2024.6

ISBN 978-7-308-24858-7

Ⅰ. ①乡… Ⅱ. ①王… ②蔡… ③孙… Ⅲ. ①小城镇
—城市建设—研究—浙江 Ⅳ. ①F299.275.5

中国国家版本馆 CIP 数据核字(2024)第 081700 号

**乡村全面振兴背景下小城镇特色发展的机理、评价和路径研究**
王岱霞　蔡瑶倩　孙奇　著

| | | |
|---|---|---|
| **责任编辑** | 季　峥 | |
| **责任校对** | 潘晶晶 | |
| **封面设计** | 周　灵 | |
| **出版发行** | 浙江大学出版社 | |
| | (杭州市天目山路 148 号　邮政编码 310007) | |
| | (网址:http://www.zjupress.com) | |
| **排　版** | 杭州晨特广告有限公司 | |
| **印　刷** | 浙江新华数码印务有限公司 | |
| **开　本** | 710mm×1000mm　1/16 | |
| **印　张** | 12 | |
| **字　数** | 214 千 | |
| **版 印 次** | 2024 年 6 月第 1 版　2024 年 6 月第 1 次印刷 | |
| **书　号** | ISBN 978-7-308-24858-7 | |
| **定　价** | 59.00 元 | |

# 前　言

　　乡村振兴战略是国家长期坚持的战略,全面推进乡村振兴是"十四五"时期各级党委、政府工作的重中之重。当前,我国正处于全面推进乡村振兴和城乡融合发展的关键时期。小城镇是衔接城乡的关键环节,有效推动小城镇发展转型是促进城乡融合发展和乡村"产业、人才、文化、生态、组织"全面振兴的有力支撑。党的十八大的新型城镇化战略和特色小城镇建设政策、党的十九大的乡村振兴战略和城乡融合发展理念、2021 年中央一号文件提出的全面推进乡村振兴加快农业农村现代化要求、党的二十大的全面推进乡村振兴和促进区域协调发展的高质量发展要求,均旨在依托小城镇建设,加快形成乡村地域系统自主运转的中国特色城乡统筹发展模式。然而,经历了前几十年的数量激增和规模膨胀后,我国 2 万多个小城镇在衔接城乡要素资源、促进乡村发展方面尚未发挥应有作用,小城镇的发展问题成为制约我国乡村全面振兴的现实短板。因此,我国亟须探索助推乡村全面振兴的小城镇发展模式。

　　本书介绍了小城镇激活乡村全面振兴的机制和评价体系,分析了通过何种路径实现小城镇引领乡村全面振兴,对全面推进乡村振兴、促进小城镇高质量发展具有重大的理论价值和现实意义。全书共包括三大部分内容。第一部分为研究基础,介绍了研究背景、研究概述,对基础理论与相关研究予以综述,并对国内外小城镇的发展进行对比研究。第二部分为理论模型建构和评价分析,探究了小城镇特色发展的机制与影响因素的核心问题,为制定发展路径与策略提供指导。第三部分为发展路径和策略研究,从小城镇高质量发展的四个子系统出发,提出了浙江省小城镇高质量发展的实现路径,并聚焦于对不同类型小城镇的发展路径及策略的研究,分别介绍了都市节点型小城镇、县域副中心型小城镇、特色型小城镇、一般型小城镇的区域概况、发展特征、动力机制,在此基础上,结合典型小城镇的案例分析,提出了合理的发展路径和策略。

在本书的撰写过程中,浙江工业大学建筑与设计学院的硕士研究生钱梦婷、王蕾、周晓露、陈杨应、魏姝妍、龚裕参与了数据处理和部分章节的内容整理等工作,在此一并致谢。

CONTENTS 目录

# 第1章 绪 论

## 1.1 乡村全面振兴的建设背景

乡村振兴战略是未来国家长期坚持的战略,全面推进乡村振兴是"十四五"时期各级党委、政府工作的重中之重。党的十八大的新型城镇化战略和特色小城镇建设政策、党的十九大的乡村振兴战略和城乡融合发展理念、2021年中央一号文件提出的全面推进乡村振兴加快农业农村现代化要求、党的二十大的全面推进乡村振兴和促进区域协调发展的高质量发展要求,均旨在依托小城镇建设,加快形成乡村地域系统自主运转的中国特色城乡统筹发展模式。当前,我国正处于全面推进乡村振兴和城乡融合发展的关键时期,小城镇是衔接城乡的关键环节,有效推动小城镇发展转型,就是抓住了乡村全面振兴和城乡融合发展的"牛鼻子",是促进城乡融合发展和乡村"产业、人才、文化、生态、组织"全面振兴的有力支撑。因此,及时总结小城镇发展建设的经验与规律,是中央与新时代赋予学界的历史使命,也是城乡自身持续发展的内在要求。

2019年3月,中共中央办公厅、国务院办公厅转发《中央农办、农业农村部、国家发展改革委关于深入学习浙江"千村示范、万村整治"工程经验 扎实推进农村人居环境整治工作的报告》。在乡村全面振兴的背景下,为深入践行新型城镇化、生态文明建设、可持续发展战略,浙江省于2019年提出实施"百镇样板、千镇美丽"工程(简称美丽城镇建设),深入贯彻落实习近平系列重要思想,将小城镇作为联结城乡融合发展的战略节点,协调推进乡村振兴战略和新型城镇化战略。美丽城镇建设建立在小城镇环境综合整治的基础上,放眼于乡镇全域空间,旨在形成高质量城乡融合、全域美丽新格局。浙江省美丽城镇建设行动以全省1010个小城镇为对象,计划到2022年打造300个省级样板,到2035年高质量全面建成功能便民环境美、共享乐民生活美、兴业富民产业美、魅力亲民人文美、善治为民治理美的新时代美丽城镇,打造新时代"富春山居图"。

2020年5月22日,浙江省城乡环境整治工作领导小组美丽城镇建设办公室印发《浙江省美丽城镇建设评价办法(试行)》,探索建立以美丽城镇发展指数为代表的综合评估体检机制,创新性地提出了分类型、分特色的美丽城镇综合评价体系。该评价办法提供面向小城镇高品质发展的三类三级加权综合评价指标体系,包括全省达标类共性指标(150分,权重0.2)、特色创建类个性指标(200分,权重0.25)、公众满意度指标(100分,权重0.2),并区分申报和验收两个时点。一级指标关注环境美、生活美、产业美、人文美、治理美的"五美"目标,突出城乡融合体制机制创新成效。二级指标对应领域提升行动。三级指标指向具体工作任务,创建申报明确引入体检模式,建设内容以城镇建成区为重点,要求涵盖行政辖区全域。该评价办法为小城镇特色化、品质化、高质量发展提供了探索导向和评价范本。2020年6月出台的全国首个小城镇管理省级地方标准《小城镇环境和风貌管理规范(DB33/T 2265—2020)》标志着小城镇长效管理迈入标准化时代。

2021年,浙江省深入学习贯彻习近平新时代中国特色社会主义思想,坚持以乡村振兴战略为抓手,持续深化"千村示范、万村整治"工程,全面贯彻省委十四届十次全会精神,把美丽城镇建设作为高质量发展/建设共同富裕示范区的突破性抓手,推动美丽城镇建设向县城建成区扩面提质,取得显著成效。根据《中共浙江省委办公厅 浙江省人民政府办公厅关于高水平推进美丽城镇建设的意见》《中共浙江省委办公厅 浙江省人民政府办公厅关于印发〈浙江省城乡风貌整治提升行动实施方案〉的通知》,依据《浙江省美丽城镇建设指南》《浙江省美丽城镇建设评价办法》《浙江省山区26县县城建设评价办法》,浙江省美丽城镇建设办公室对全省2021年度创建城镇进行了考核验收。经综合评定,并报省政府同意,确定第一批美丽城镇建设省级样板。2022年12月,浙江省城乡环境整治工作领导小组正式公布2022年度全省美丽城镇建设工作考核结果,确定第二批美丽城镇建设省级样板。2022年是美丽城镇建设首轮三年行动收官之年,三年中,全省1010个城镇共实施3.5万余个建设项目,拉动有效投资9000余亿元,创成美丽城镇省级样板363个,全省小城镇环境面貌、基础设施水平、公共服务能力、产业发展活力等大幅提升,成功探索了城、镇、村联动发展的城镇化新模式,已成为全域共富共美、协同长治长效的优质样板。

2023 年 5 月,浙江省城乡环境整治工作领导小组美丽城镇建设办公室为贯彻省第十五次党代会"加强美丽县城、美丽城镇、美丽乡村联创联建"和省委十五届二次全会深化推进美丽城镇建设精神,根据省委、省政府关于开展美丽城镇示范建设行动的部署,全面推进浙江省现代化美丽城镇建设,制定了《浙江省现代化美丽城镇建设评价办法(试行)》。该评价办法坚持以城乡融合发展为指引,加快推进美丽城镇基础设施、公共服务、产业园区、人文环境、综合治理现代化建设,推动高质量发展建设共同富裕示范区。

## 1.2　研究思路

研究遵循"研究手段—研究基础工作—重点解决问题—研究目标"的思路。研究手段包括文献资料检索搜集、实地调研和专家访谈;研究基础工作包括理论准备、数据资料准备和研究工具准备;重点解决问题包括国内外发展模式比较、小城镇的多维发展特征、小城镇高质量特色化的理论分析等;最后实现相应的研究目标(见图 1-1)。

## 1.3　研究方法

**(1)理论分析和实证分析**

搜集国内外有关城乡一体化、小城镇等的理论和研究,梳理理论脉络,整理多种观点,把握研究动态和演进趋势,构建理论机制、发展模型及评价体系,形成研究假设,并进行实证分析。

**(2)案例分析和问卷调查**

对国内外典型案例中小城镇的特色化发展模式进行历史比较分析,总结不同发展模式的成功经验及存在问题。对案例小城镇进行深入调研,通过问卷调查、实地访谈等方法,获得这些小城镇的案例资料。在此基础上,对典型案例中小城镇在乡村全面振兴发展下的空间特征、经济特色、产业结构状况、历史因素、生态环境、政策制度及其绩效等进行系统分析,分析小城镇高质量特色化发展模式下乡村全面振兴与小城镇耦合协调的内部机理。总结我国推进乡村全面振兴发展的小城镇高质量特色化发展模式和运作机制。

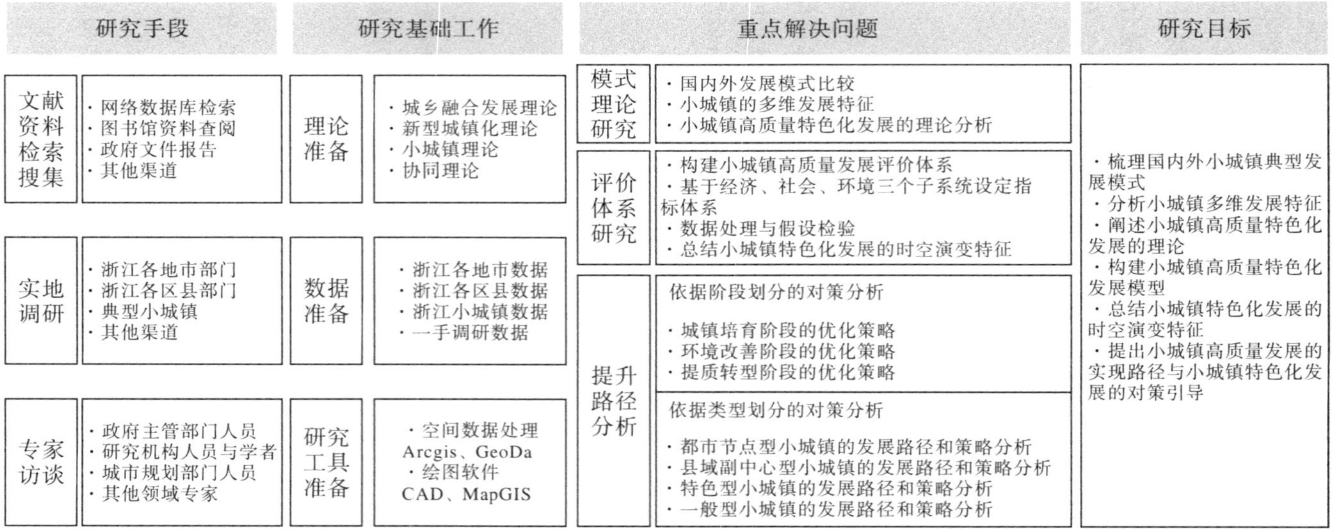

**研究目标**

- 梳理国内外小城镇典型发展模式
- 分析小城镇多维发展特征
- 阐述小城镇高质量发展的理论
- 构建发展模型
- 总结小城镇高质量特色化发展的时空演变特征
- 提出小城镇特色发展的理论
- 实现路径与小城镇特色化发展的对策引导

**重点解决问题**

模式理论研究
- 国内外发展模式比较
- 小城镇的多维发展特征
- 小城镇高质量发展的理论分析

评价体系研究
- 构建小城镇高质量发展评价三个子系统设定指标体系
- 基于经济、社会、环境
- 数据处理与假设检验
- 总结小城镇特色化发展的时空演变特征

提升路径分析
- 依据培育阶段的发展路径和策略和策略分析
  - 城镇培育阶段的优化策略
  - 环境改善阶段的优化策略
  - 提质转型阶段的优化策略
- 依据类型划分小城镇的发展路径和策略分析
  - 都市节点型小城镇的发展路径和策略和策略分析
  - 县域副中心型小城镇的发展路径和策略和策略分析
  - 特色型小城镇的发展路径和策略和策略分析
  - 一般型小城镇的发展路径和策略和策略分析

**研究基础工作**

理论准备
- 城乡融合发展理论
- 新型城镇化理论
- 小城镇协同理论

数据准备
- 浙江各地市数据
- 浙江各区县数据
- 浙江小城镇数据
- 一手调研数据

研究工具准备
- 空间数据处理 Arcgis、GeoDa
- 绘图软件 CAD、MapGIS

**研究手段**

文献资料检索搜集
- 网络数据库检索
- 图书馆资料查阅
- 政府文件报告
- 其他渠道

实地调研
- 浙江各地市部门
- 浙江各区县部门
- 典型小城镇
- 其他渠道

专家访谈
- 政府主管部门人员与学者
- 研究机构人员与专家
- 城市规划部门人员
- 其他渠道

图1-1 研究思路示意图

**(3)计量统计与空间分析**

将计量统计模型、GIS 空间分析相结合,构建包含多维度的小城镇高质量特色化发展能力评价模型和差异化特色化指标体系。

# 1.4 研究的创新点

**(1)在学术思想方面的特色和创新**

①从引领乡村全面振兴的视角谋划小城镇发展的理论和路径。在乡村全面振兴的背景下,基于镇村关系重构,提出小城镇高质量特色化发展概念框架,清晰阐述小城镇高质量发展中存在的问题,实现学术思想创新。②深入剖析小城镇特色化发展的机理、评价方法及路径。遵循"研究手段—研究基础工作—重点解决问题—研究目标"的思路,通过文献资料检索搜集、实地调研和专家访谈,重点研究小城镇发展对乡村全面振兴的作用机制、水平评价和提升路径。

**(2)在学术观点方面的特色和创新**

①提炼乡村全面振兴背景下的小城镇高质量发展理论。②实地调研,总结归纳国内外小城镇高质量发展引领乡村全面振兴的模式。③通过分析国内小城镇的多维发展特征,概括小城镇高质量发展的系统要素和作用机理。④重点构建小城镇高质量特色化发展引领乡村全面振兴的评价体系模型。⑤评价和解析小城镇发展质量水平的时间与空间分布特征。⑥提炼有助于引领乡村振兴的小城镇普适性的发展规律和优化对策,提出不同阶段与不同类型的小城镇高质量特色化发展路径。

**(3)在研究方法方面的特色和创新**

①理论分析、实证分析和案例分析相结合。清晰界定各种概念,归纳发展模式,构建概念框架,评价模型及指标体系,形成研究假设,并进行实证分析。对国内外案例小城镇高质量发展引领乡村振兴典型发展模式进行比较分析,总结不同发展模式的成功经验及存在问题。②以深入的问卷调查为支撑。对典型小城镇进行调研,通过问卷调查、实地访谈等方法搜集案例资料,为全文研究提供有力的支撑。③定量分析与定性分析相结合。运用计量模型和空间分析方法评价小城镇高质量特色化发展引领乡村全面振兴的能力水平、影响因素和耦合协调水平,实现研究方法创新。

# 第2章 基础理论与研究综述

## 2.1 小城镇发展的基础理论

**(1)小城镇推动城市群协同发展的理论**

①城市群理论。霍华德的田园城市理论提出围绕大城市建立分散、独立、自主的田园城市,实现高度城市生活与优美乡村有机结合,体现了"中心—外围"结构的理想模式;恩温在田园城市理论基础上提出了卫星城理论,通过在大城市外围建立不同功能的卫星城,以疏散人口控制城市规模;克里斯泰勒的中心地理论则采用正六边形对城镇等级、规模、职能之间的关系进行了分析;邓肯的城镇体系理论强调城镇之间的职能分工和联系。自中心发展理论和空间分享理论与城市群理论紧密联系,强调了发展中小城镇的重要性,从城市空间结构布局探讨了小城镇与大城市之间的功能分工和协作关系。②城市群空间结构。城市群理论起源于霍华德的田园城市理论,经过盖迪斯的《进化中的城市》、恩温的《卫星城市的建设》、沙里宁的《城市:它的发展、衰败和未来》、克里斯泰勒的中心地理论、维宁的理论研究、佩鲁的增长极理论、戈德曼的《大都市带:东北海岸的城市化》、乌尔曼的空间相互作用理论等学说和理论的发展,已经形成完善的理论体系,并积累了丰富的实践发展经验。国内学者从城市群空间结构的角度确定小城镇的定位和发展方向,以实现城市群的可持续发展与协同发展。

**(2)小城镇推动城乡一体化发展的理论**

①城乡二元关系。刘易斯、托达罗、库茨涅茨、舒尔茨的二元经济理论均研究了产业结构演变、人口迁移与城镇化的互动发展关系。布莱恩特的城市乡村理论、麦吉的亚洲城乡土地利用相互混杂的地域组织结构、怀特安德的城市边缘带等理论则研究了城乡接合区的小城镇发展,以缓解城乡二元关系。②城乡一

体化发展。城乡一体化发展理论最早起源于霍华德的田园城市理论,经过恩格斯"城乡融合"理论、刘易斯的二元结构理论、麦吉的城乡融合区理论等得以进一步发展。在新型城镇化背景下,城乡一体化强调将城乡作为一个统一的整体,发挥两者各自的优势,城乡一体、互为资源与市场、相互依托、统筹协调发展。在新时期城乡融合背景下,实现城乡融合发展的关键在于实现城乡要素的融合,小城镇的过渡地区属性决定了其发展不能离开城乡融合的大背景,通过优化城乡空间布局、创新制度供给以及城乡经济、社会、生态融合,可以直接拉动乡村的经济、社会和生态发展。小城镇是农业人口就近就地城镇化的重要场所,也是中国式现代化建设的重要承载区。

## 2.2　国内小城镇发展的研究

### (1)乡村振兴与小城镇的功能定位

小城镇作为城乡的枢纽,是广大乡村的政治经济文化中心、商品交易场所、公共服务设施集聚之处,既是大中城市的腹地,又是农村迈向城市的必由之路,而县城和建制镇掌控了乡村发展的总体格局。小城镇在促进城乡融合发展中发挥着关键作用,引导城乡二元结构向"城市—城镇—乡村"三维区域空间结构演变,助推乡村振兴。小城镇作为"就近转移"模式的城镇化发生载体,其城镇化的结果往往更为稳定和持续。发挥小城镇城乡融合发展的纽带作用,有助于城乡关系最终实现更高质量、更有效率、更加公平、更可持续的发展目标,以小城镇作为新型工农关系的着力点,全面推进县城高质量发展。

由于小城镇对中国城镇化的战略意义重大,学术界对小城镇的研究一直十分丰富,针对小城镇新的发展形式和不同环境下的发展情况,从不同视角切入的论述层出不穷。研究制度变迁和公共政策的学者,强调制度设计对小城镇发展的影响,并提出了小城镇制度改革方向和规划新思路;立足于地区差异视角,讨论了不同地域小城镇发展条件的差异,提出了因地制宜的发展思路;基于产业发展视角,从乡镇企业集群和产业集聚效率讨论了小城镇发展的趋势及面临的问题;从资源利用角度,提出了中小城市和小城镇由于掌控的资源有限,其发展转型应更加注重特色和生态,走专业化、特色化和生态化的道路。

因地制宜导入地方特色产业,以特色产业带动相关产业的发展,组建地方产业群,将使小城镇成为更有竞争力的经济实体,乡村的专业化、特色化生产与新经济要素的结合也将成为当前乡村产业转型的新动力。可持续生活环境的营造是小城镇可持续发展的需要,小城镇的魅力正在于其人性化与个性化特征。在空间重构方面,研究热点集中在空间规划、农村居民点布局优化、中心村镇建设、空间形态解析、历史空间更新等;在社会管理方面,关注公共服务供给与公众参与机制、镇域社区治理等,较少关注公共服务供给能力、公共治理能力提升路径;在资源环境方面,开展了镇域土地利用、景观生态、土地整治及其效应等相关研究,但对镇域发展规模、产业类型特征与资源环境效应的基本关系仍不明晰,对镇域系统的资源、效率缺乏综合认知。此外,乡土文化是小城镇的宝贵资源,在城市化的过程中注意保护、创新乡土文化是增加小城镇文化亲和力的关键。

不同学者对小城镇的功能定位和发展特点的研究见表 2-1。

表 2-1  有关小城镇功能定位和发展特点的研究

| 相关学者 | 不同功能定位下小城镇的发展特点 |
|---|---|
| 张京祥 | 1.都市型小城镇:在中心城市都市区化进程中,将成长为都市网络功能体系中的重要功能节点,承担某些独特的都市型功能;<br>2.特色小镇:具有优越区位、独特自然或人文资源禀赋的小城镇,在工商资本和新经济要素的推动下,将成为旅游、文创、互联网经济、体验经济等新产业、新业态集聚的空间;<br>3.乡村地域服务中心:在远离中心城区、缺乏特色优势和发展条件的乡村腹地 |
| 汪增洋 | 1.毗邻中心城市的小城镇:通过融入都市区实现高质量发展;<br>2.县城及其毗邻小城镇:通过成长为小都市区实现高质量发展;<br>3.其他小城镇:通过乡镇合并扩大城镇规模、扩展市场服务范围以及发展特色产业提升发展质量 |
| 罗震东等 | 1.都市一体化型(与之对应的是区域内非都市一体化类型,分为区域增长极型与公共服务中心型);<br>2.区域增长极型:成长为拥有综合功能的小城镇,发展为兼具特色和活力的旅游服务型聚落;<br>3.公共服务中心型:成长为承担广大农村地域服务职能的公共设施中心 |
| 张蔚文等 | 1.中心镇:位于中心城市或重要节点城市内部,以高附加值产业为支柱;<br>2.卫星镇:位于中心城市外围,都市区内部,承接中心城市转移出的第二产业;<br>3.专业镇:位于城市群之间发展带沿线,无法直接享受到中心城市辐射,通常发展旅游行业及历史经典产业 |

续表

| 相关学者 | 不同功能定位下小城镇发展特点 |
|---|---|
| 陈伟伟 | 1.中心镇:常住人口规模在 5 万人及以上,且地区生产总值在 10 亿元及以上的建制镇;<br>2.潜力镇:常住人口规模在 2 万~5 万人,或者地区生产总值在 5 亿~10 亿元的建制镇;<br>3.一般镇:常住人口规模在 2 万人以下,且地区生产总值在 5 亿元以下的乡 |

### (2)小城镇发展模式

按经济发展模式划分,有乡镇企业推动的"苏南模式"、民营经济主导的"温州模式"、外资驱动的"珠江三角洲模式"和产业带动的"义乌模式";按小城镇参与主体的性质和建设方式划分,有政府主导型、农民自主建设型和市场主导型;按小城镇推进的空间模式划分,有内部要素重组型、外部边界发展型、独立跳跃发展型和就地集聚发展型;按小城镇产业和职能类型划分,有产业型、资源依托型和区位型。

在工业化中后期以发展都市圈和城市群为主的背景下,小城镇根据所处的地域特点和自身的资源禀赋,呈现各具特色的发展模式,经济发达地区的小城镇在经济累积升级和市场自由竞争下分化发展的趋势尤为明显。小城镇存在普遍收缩和高度分化并存的特征,功能多样的特色小城镇建设已经成为中国新型城镇化建设的重点方向之一。在产业技术不断更新、要素信息频繁流动的全球化时代,小城镇的发展越来越依赖于城乡区域整体的社会、经济系统和空间网络。全球化生产网络的构建、高速交通网络的完善、高品质的集约发展诉求以及社会消费需求的升级,都是区域内小城镇加速差异化发展的主要外部因素。全球化生产网络的构建扩展了小城镇的成长空间,依托区域内城市的发展平台,小城镇接轨全球经济,参与全球产业分工,将实现从传统农业到轻工业的转型;快速交通网络的建设完善重新定义了小城镇的发展角色,得益于交通网络提供的均质化发展机会,部分产业将在生产成本更低的小城镇地区集聚。高品质的集约发展诉求重塑了小城镇的发展方式,具有一定基础和规模的小城镇通过加快基础设施和公共服务配套建设、增强城镇综合职能,将承接中心城市转移出来的产业。社会消费需求的升级提供了小城镇发展的新路径,乡村公共消费需求的快速增长要求小城镇增强了农村地域综合服务中心的职能,高密度城市居民的休闲消费需求则为大量具有良好自然生态环境的小城镇带来新的发展契机,发达地区小城镇将向后工业型城镇和生态型城镇发展。

### (3)小城镇特色化发展

小城镇发展过程中出现了一系列问题,如乡镇企业未形成一定规模,空间布局不合理,土地利用效率低,城镇功能单一,缺乏明显的特色,对城市和农村均缺少吸引力等。为解决小城镇的产业发展与经济发展问题,国家提出了"特色小城镇"的发展模式。2014年,浙江省开始建设特色小镇。作为重振历史经典产业,将文化竞争力转化为产业竞争力的有效载体,特色小镇应坚持"环城区布点"策略、"功能区带动"和"资源型驱动"策略,并且遵循传统经典产业与发展科技新兴产业和地方特色产业并举的产业发展思路,用创建制代替传统的审批制。特色小城镇(主要指建制镇)作为小区域的政治、经济和文化中心,在本区域内发挥着产业资源协调和城乡空间融合的基础功能,具有人口集聚功能、经济增长点以及辐射功能等特征,有效带动了周边地区的资源集聚效应。特色中小城镇是"城镇地域系统—乡村地域系统"空间连体的生态大循环体系中城乡空间的对接点和支撑点。2016年,国家发展和改革委员会颁布《关于加快美丽特色小(城)镇建设的指导意见》,将特色小城镇正式定义为以传统行政区划为单元、特色产业鲜明的建制镇。与此同时,住建部公布了我国第一批特色小城镇,共127个。2017年,住建部公布了我国第二批特色小城镇,共276个。特色小城镇成为我国小城镇发展模式的再认知。特色小城镇发展的一大核心目标是建立环境优美、生态和谐的小城镇,鼓励有条件的小城镇按照不低于AAA级景区的标准规划建设特色小城镇的特色旅游区。特色小城镇的打造不应只停留在特色空间打造、特色风貌塑造等表象中,更应从城镇经济、社会和环境发展方面综合考虑城镇的特色成长。

在"以城市群为主体构建大中小城市和小城镇协调发展的城镇格局,加快农业转移人口市民化"的背景下,尊重客观规律和发展趋势,鼓励大城市群内部或周边的特色小城镇发展,充分发挥特色小城镇的空间集约经济效应和产业升级作用,以促进区域和城镇体系协调发展。在功能定位的基础上(按照产业和职能类型对小城镇进行划分),小城镇应根据地域特点和自身资源禀赋进一步实行特色分类发展的理论得到了学界的普遍认同。王传仕、石忆邵、张玉梅等相关学者结合产业集群、生产专业化、专业镇、特色经济等特色化发展概念开展了特色小城镇的研究。厉笑华提出,特色小城镇强调生产、生活、生态融合,将成为超越传统工业园区的层级更高的产业载体。仇保兴提出了特色小城镇建设的四个版本:以"三农"(指农业、农村和农民)为服务目标的 1.0 版本采取"小镇＋一村一品"模式;从浙江省发源的 2.0 版本为"小镇＋企业集群"模式;3.0 版本为"小镇＋服务业";4.0 版本为国家倡导大力发展的"小镇＋新经济体"模式,将特色小镇作为城市修补、生态修复、产业修缮的重要手段。基于第三代系统论复杂适应理论,仇保兴提出特色小城镇应具有自组织、共生性、多样化、强链接、产业集群、开放性、超规模效应、微循环、自适应和协同等特性。段进指出,在生态文明发展理念下,特色村镇的认知方法要实现从"要素—类型"向"地区—基因"的"在地性"转变。基于此,在操作层面上,他提出了"特色村镇地区"这一关键概念,结合特色村镇的理论内涵,从对象、价值、技术、目标等层面提出了具体的实施路径。王雪芹提出了小城镇特色要素定位方法,即从微观到中宏观视角,提出了"特色识别—特色优势度评价—特色综合定位"逻辑框架,构建了"特色三步定位法",挖掘小城镇特色化发展模式。

　　在不同地区小城镇的特色化分类发展研究方面,汪珠基于新一轮浙江省的城镇体系规划对浙江省小城镇分类发展的模式与对策进行了综合研究;卜雪旸将闽北的中心城市——南平市的山地型小城镇作为研究对象,分析当地小城镇在景观资源优势突出的条件下分类型选择不同的发展模式;裴东伟以扬州市的小城镇为例,探讨了小城镇分类发展的制约因素及其未来发展对策;王岱霞对浙江省小城镇发展进行了分类评估与空间格局特征分析;倪明等人基于"职能—区位—规模"的维度,对符合主题功能区划的小城镇按照规模大小进行分类系统化研究;同样是重庆市的小城镇,宋豪对重庆市五大功能区的小城镇基于新常态城乡统筹的要求进行了分类发展的探索研究;任一田基于职能与区位角度,以西南地区山地型小城镇为例进行了分类发展研究。特色小城镇产业发展与城镇空间高质量耦合有利于生态环境的和谐发展。学者们进一步从根植性因素、政策因素和市场经济因素研究特色小城镇的发展机制。根植性是特色小城镇产业发展的根本。特色小城镇应充分利用自身的专业化优势或资源基础优势,通过塑造专业化地域经济形态,重构传统区域城镇体系,提高美丽乡村、小城镇在新时期网络化城镇体系中的功能与地位,推动城乡区域一体化发展进程。特色小城镇应以广大乡村地区为发展基底,推动特色小城镇与美丽乡村的协同和创新发展,通过乡村振兴推动城乡融合发展,在确保乡村发挥涵养水源、净化环境、保护传统文化和生活方式、保护生物多样性等作用的同时,优化乡村地域系统,重构乡村经济、社会和空间,激发乡村发展的活力。李帅以丁蜀特色小城镇为例,探讨了特色小城镇产城融合的影响因素与实施路径。

### (4)小城镇发展评价

小城镇发展评价指标,从单一注重经济发展转向注重经济、社会、生态、管理和空间等的协调发展;在技术方法方面,运用结构方程模型、多因子空间叠合评价模型、耦合协调性模型、聚类分析法、主成分分析法、钻石模型图示指标法、层次分析法、空间分析法、多元线性回归等进行评价。《浙江省美丽城镇建设评价办法(试行)》探索建立了以美丽城镇发展指数为代表的综合评估体检机制,创新性地提出了分类型、分特色的美丽城镇综合评价体系,为小城镇特色化、品质化、高质量发展提供了探索导向和评价范本。美丽城镇建设的共性指标对应美丽城镇建设的基本要求,为约束性指标;美丽城镇建设的个性指标突出美丽城镇样板特色化发展。要求小城镇建设注重规划的合理性,形成城镇风格和特色,重视人居环境建设;注重保留文化遗产,展现文化内涵;在通过产业集聚带动小城镇发展的同时,加强生态环境建设。

主导产业为旅游业的小城镇定位为文旅特色型美丽城镇,依托自身独特自然风光或人文景观资源优势,塑造特色空间,形成城镇整体特色风貌,提高配套服务设施的服务水平与质量,发展凸显当地特色的文旅产业并形成具有自身特色的旅游产品,最终带动第一、二、三产业的同步发展。

主导产业为商贸流通的小城镇定位为商贸特色型美丽城镇,依靠当地特色产业集群打造专业商贸市场,为商户搭建便捷的交易平台,培育本地特色产品生产基地,吸纳大量农村富余劳动力形成完善的市场体系,或通过交通和物流基础设施建设加强与邻近产业基地、中心城市的交通联系。

主导产业为工业的小城镇定位为工业特色型美丽城镇。对于资源型的工业城镇,结合当地资源优势,加快产业转型升级延伸产业链,培育新兴产业,提高技术附加值,打造持续竞争力;对于工业园区型的工业城镇,加强集聚化建设和规模化提升,提高土地利用效率,培育乡镇企业和发展产业集群,引导生产模式向规模化和绿色化转变。

主导产业为特色农业的小城镇定位为农业特色型美丽城镇,在充分利用优势农业资源的基础上,完善农业基础设施,提升专业化技术水平,通过在镇域内形成农业规模化经营,发展特色种植养殖业、绿色生态农业、设施农业、观光休闲农业等,在传统农业基础上发展农村电子商务,拓宽农产品流通渠道,实现农业现代化,充分发挥农业特色型美丽城镇的生态服务提供功能,以及文化保护和生物多样性功能。

部分具有区位优势、特色资源或政策倾斜的小城镇发展成为工业特色型、商贸特色型美丽城镇,吸引了较多学者的关注。而针对数量众多、分布广阔的农业特色型美丽城镇和一般型美丽城镇的研究相对较少。陈前虎、宋珍兰、宋炳坚等对传统农业型小城镇发展中存在的问题进行了深入剖析,并提出综合性的农业经济重镇、专业化的农业经济强镇和规模化的农产品基地镇这三个发展转型方向。解锰、石萌针将都市农业型小城镇发展模式视为实现城镇跨越式发展的重要谋略,并结合长沙市格塘镇进行了实证研究。杨忠信、马金莲、肖希清对宁夏农业型城镇的空间分布和发展进行了研究,认为农业型城镇发展的主要原因是经济增长带动和农村剩余劳动力推动。赵潇研究发现,农业型小城镇产业发展与城镇空间存在明显的耦合关系:一方面,农业规模化对镇村体系重构具有促进作用,产业化有力推动了镇域用地结构调整;另一方面,城镇空间提供了大量就业岗位,为农业提供设施支持和广阔的商品市场。

**(5)小城镇发展路径**

我国拥有 2 万多个小城镇,地区发展差异较大,能发展起来的小城镇是少数,大部分小城镇仍将是农村的中心,继续扮演服务"三农"的重要角色,为农村提供更加完善和便捷的公共服务。而部分具有特色产业、特色资源的小城镇将在区域经济格局中发挥更加重要的作用,成为区域经济增长极。20 世纪末,伴随着乡镇企业的崛起,小城镇以个体最优化为导向实现了要素的局部集聚,以个体规模增长、区域位序上升为表现的自我发展,使部分小城镇完成了第一次分化。在网络化的新型城镇化背景下,实现区域小城镇的非均衡协调发展成为战略共识,小城镇再分化将从"个体最优化"向"效能最大化"转变,从以往的经济水平最优决定论转化为注重公共服务效率的提升。小城镇已基本完成以区域高度分化与个体规模差异为特征的第一次分化,小城镇合理"再分化"应针对根本性职能进行品质化提升,引导小城镇适应动态性、网络化的区域分工结构。制度政策作用的力度和周期成为小城镇再分化的直接影响因素,小城镇区域生态价值成为其根本性的决定维度。要因地制宜地走适合乡镇的特色化发展道路,充分发挥小城镇的生态效能,关注居住环境、风貌特色和涵养价值,兼顾社会效益与经济效益。

目前,我国大部分小城镇发展目标仍停留在改善民生及经济上,较高层级的目标应为通过产业升级、消费升级带动经济、生态、环境共同发展,实现高质量特色化发展。产业经济实力较强的城镇大多为工业型城镇,这些城镇的工业企业一般从小型私营企业或乡镇企业起步,并逐步增大规模,甚至设置工业园区,作用要素逐渐多元化。决定特色小城镇发展的两大基本和核心要素是产业与城镇空间,产业的发展可直接推动经济水平的提高,而经济水平的提高将带来生活质量与生活环境的改善;同时,产业的发展离不开城镇空间的带动,高质量的生活环境也建立在城镇空间体系发展完善的基础上。小城镇通过特色产业培育形成专业化和差异化发展优势,利用区位、政策及创新优势形成竞争优势,依托独特资源禀赋打造地理标志产品和旅游目的地。空间层面的特色化强调小城镇适宜的空间尺度、街区格局、建筑形态、文化特色以及邻里关系;生态层面的特色化强调优美的山水生态景观和优良的环境品质;社会管理和制度创新上的独特性将进一步改善发展环境、增强吸引力,形成特色化发展优势。小城镇应根植主体特色与创新要素基础,耦合政策引导、企业主体与市场化运作,并以高品质要素聚集助推可持续道路建设将成为特色小城镇发展的普适路径。

## 2.3　国外小城镇发展的研究

### (1)小城镇的功能定位和发展战略

小城镇的形成受城乡一体化思想影响;小城镇是衔接城乡的枢纽,有利于协调区域关系、实现要素合理流动、紧凑城镇发展空间、优化产业结构。国外发达国家已具备较好的经济发展基础和公共服务配套,城镇发展侧重于考虑活动空间、交流空间、休憩空间等软环境因素。政府通过直接或间接的公共财政支持创造就业机会,极大地提高了城镇居民居住生活质量,城镇人口吸引力不断增强。

### (2)小城镇与城市群空间结构、城乡二元关系

小城镇与城市群协同发展,从城市群空间结构布局探讨小城镇与大城市之间功能分工和协作关系;小城镇通过借用邻近大城市的规模效应获得发展机会,承担更多高级别的经济功能。小城镇发展有利于促进城乡一体化发展;城乡接合区小城镇的发展有助于缓解城乡二元矛盾。

### (3)小城镇发展模式

国外小城镇发展的典型模式主要有英国的工业化模式、美国的自由市场模式、意大利的内生发展模式、德国均衡化的城镇发展模式、日本的行政管理导向模式、韩国的"新村运动"模式、拉美国家的外部经济模式等,均选择了符合本国国情和自身地域特点的小城镇发展道路,形成了差异化的城镇形态和人文景观,注重保护民族传统和地域特色。

在欧洲,有超过56%的城市居民(约占欧洲总人口数的38%)居住在人口为5000~10万人的中小城镇。英国的快速工业化使近郊区小城镇得到快速发展。

英国小城镇发展遵循工业化模式,通过建立新镇来分散大城市人口,并提出新镇的人口规模不应超过 6 万人。"第三意大利"模式是区域内生发展的典型案例。法国形成以卫星城为代表的小城镇内生发展模式。德国均衡化的城镇发展模式使得小城镇具有完善的基础设施和较强的人口吸纳能力。

美国约 50% 的人居住在 5 万人以下的小城镇。20 世纪 60 年代,美国通过建设"示范城市"充分发展了小城镇,促使美国小城镇化发展模式成为自由市场模式,以都市村庄化为代表,首先在部分城市借助市场力量建设小城镇。

在高度集中型的城镇化发展背景下,日本于 20 世纪 70 年代提出了"村镇综合建设示范工程",依托行政力量加快推进小城镇建设,进而缩小城乡差距。韩国的"新村运动"也兴起于 20 世纪 70 年代,小城镇得到了重视与发展。

**(4)国外小城镇高质量特色化发展方面的探索**

国外小城镇在高质量特色化发展方面的探索见表 2-2。

表 2-2　国外小城镇在高质量特色化发展方面的探索

| 维度 | 小城镇发展模式 | 具体内容 |
|---|---|---|
| 经济 | 产业融合发展模式 | 日本以三次产业融合发展形成立体化的"第六产业";美国以市场为导向,按市场规律运行,在产业融合和农工商一体化发展背景下实现农业现代化;英国导向性政策带动城镇发展,培育符合自身特色的产业 |
| 空间 | 特色均衡发展模式 | 德国明确城镇体系中的各级层次,实现城镇均衡发展,分类管理引导小城镇空间结构发展 |
| 生态 | 共生发展模式 | 荷兰注重人与自然的和谐相处、文脉传承和文化保护;德国、韩国等国强调土地整治以及生态和景观理论在规划设计中的应用 |
| 文化 | 文化传承教育模式 | 英国鼓励在对历史保护和传承的基础上发展经济,同时注重现有建筑的再利用;韩国通过提供政策优惠,优化投资软环境;日本、荷兰注重教育投入、人才培养和社会保障体系建设 |
| 社会 | 多样服务供给模式 | 法国、德国强调多方参与、共同决定的地区规划思想;英国、荷兰注重小城镇服务设施水平和环境品质,注重民生公共服务供给,以实现城乡公共服务均等化;美国内源性发展的自由市场模式,鼓励私人企业投资兴建基础设施,社会组织发展壮大,并提供大量深入民众生活的贴心服务 |

## 2.4　本书研究概述

　　国外学者注重小城镇发展理论层面的研究,提出小城镇在城市群、城乡一体化中的辩证关系。国内学者偏重对小城镇发展的实践总结,强调通过优化产业结构、高效配置资源、实现空间重构、加强社会管理、保护生态环境等实现小城镇推动新型城镇化与城乡协调发展。

　　国内已有的研究存在以下局限:研究对象上,重点关注某地域或某类型小城镇的发展理论和实践,缺乏对我国2万多个小城镇的全面分析和系统概括,尤其缺少全国小城镇普适性发展模式的归纳总结;研究内容上,侧重于小城镇自身发展问题研究,对小城镇引领乡村振兴的系统性研究不足;研究方法上,以主观、定性的经验描述和案例研究为主,缺乏适应我国国情的定量实证研究。

　　如何从城市、乡村融合发展潮流中重新界定镇村关系,探索借助小城镇发展实现乡村全面振兴的道路,还有待形成突破性的研究成果。在研究视角上,对于乡村全面振兴背景下的我国小城镇发展问题,亟须进行系统性研究和理论归纳;在研究对象上,应关注浙江省小城镇的普适性理论分析,提出新形势下小城镇高质量发展概念框架;在研究方法上,应突破现有以个案和定性研究的局限,探索基于大样本定量分析支撑的评价体系和优化对策。本研究将以推进乡村振兴为出发点和落脚点,通过解析小城镇多维发展特征与机理,搭建小城镇高质量特色化的理论基础,重点构建小城镇高质量特色化发展理论模型;基于此,剖析与评估小城镇引领乡村全面振兴的作用机制和能力水平,优化小城镇发展,激活乡村全面振兴,实现小城镇高质量发展的路径,为推进我国乡村全面振兴和小城镇高质量发展提供借鉴。

　　本研究相对于国内已有的研究,更符合国家构建新发展格局的背景,更贴近国家最新的政策导向,在研究对象上更注重从浙江省小城镇提炼归纳出具有普适性的概念框架;在研究内容上更强调小城镇引领乡村全面振兴作用机理和水平诊断的系统研究;在研究方法上突出定性分析框架和多种定量分析方法的结合,丰富相关研究方法论。

## 第 3 章

国内外小城镇发展对比

## 3.1 国内小城镇发展情况

### 3.1.1 全国小城镇发展

限制发展期(1949—1978 年):自中华人民共和国成立到改革开放前的时期,小城镇发展处于限制发展期。1963 年颁布的《关于调整市镇建制、缩小城市郊区的指示》将常住人口在 3000 人以上(其中非农人口占 70%)的居民区或人口在2000~3000 人(其中非农人口占 85% 以上)的地区称为城镇。中华人民共和国成立后,随着土地改革等一系列促进农村经济发展的政策相继实施,农村生产力得到了解放,小城镇也得到了较快的恢复和初步发展。但到了 20 世纪50—70 年代,受计划经济管理体制的影响,小城镇发展数量严重减退,甚至低于中华人民共和国成立初期的数量,至 1983 年,全国仅有 2968 个城镇。

快速发展期(1979—1997 年):1979 年《中共中央关于加快农业发展若干问题的决定》的出台标志着小城镇建设进入快速发展期。1994 年党的十四届三中全会提出《关于加强小城镇建设的若干意见》,标志着小城镇进入蓬勃发展期。1979—1997 年,小城镇数量快速增加,随着农村改革开放政策的不断深入及建镇标准的调整,城乡之间的壁垒逐渐松动并被打破。由于推行了农村联产承包责任制,农村经济得到了快速发展,乡镇企业蓬勃发展也容纳了大批农村剩余劳动力,大大促进了小城镇的繁荣,小城镇人口迅速增加。农村商品经济的繁荣使小城镇作为城乡之间的桥梁与纽带的功能凸显,农业工业化发展也促进了小城镇对剩余劳动力的广泛吸纳。

健康发展期(1998—2001 年):1998—2001 年,在"小城镇、大战略"的实施下,乡镇企业的蓬勃兴起加快了乡村城镇化进程。1998年,《中共中央关于农业和农村工作若干重大问题的决定》将发展小城镇视为带动农村经济和社会发展的一个大战略。2000年,中共中央、国务院《关于促进小城镇健康发展的若干意见》出台。2000年后,小城镇发展由数量的扩张转向质量的提高,撤乡并镇等建设力度的加大进一步促进了小城镇高质量发展,小城镇建设日益重视环境的净化、绿化与美化。至2001年底,全国共有建制镇20374个。自费孝通先生于1983年发表《小城镇 大问题》以来,相关学者认为中国应走"以小城镇为主、大中城市为辅"的城镇化道路,避免出现西方国家过度城市化而乡村凋敝的局面。

质量提升期(2002—2014年):自2002年提出统筹城乡社会发展以来,在以发展大城市或城市群为主,大中小城市和小城镇合理分工的理论指导下,小城镇发展速度放缓,但质量提升和规模扩大是该阶段小城镇发展的特点。2006年,《中华人民共和国国民经济和社会发展第十一个五年规划纲要》指出坚持大中小城市和小城镇协调发展。2008年金融危机发生之后,小城镇吸纳了大批城市回流人口。2011年,《中共中央关于制定国民经济和社会发展第十二个五年规划的建议》提出"按照统筹规划、合理布局、完善功能、以大带小的原则,遵循城市发展客观规律,以大城市为依托,以中小城市为重点,逐步形成辐射作用大的城市群,促进大中小城市和小城镇协调发展"。2012年,党的十八大报告提出推动城乡发展一体化。解决好农业农村农民问题,实现城乡发展一体化是解决"三农"问题的根本途径。要加快完善城乡发展一体化体制机制,形成以工促农、以城带乡、工农互惠、城乡一体的新型工农、城乡关系。2014年,据《国家新型城镇化规划(2014—2020年)》要求,促进各类城市协调发展,优化城镇规模结构,增强中心城市辐射带动功能,加快发展中小城市,有重点地发展小城镇,促进大中小城市和小城镇协调发展。小城镇建设成为我国特色城镇体系中的重要环节。

特色化发展期(2015年至今):2015年以来,小城镇进入特色化发展期。2016年,《中华人民共和国国民经济和社会发展第十三个五年规划纲要》提出"加快发展中小城市和特色镇,……因地制宜发展特色鲜明、产城融合、充满魅力的小城镇"。2016年发布的《关于开展特色小镇培育工作的通知》提出"培育特色鲜明、产业发展、绿色生态、美丽宜居的特色小镇",从战略层面为小城镇的特色化发展提供了方向。同时,小城镇呈现收缩发展的特征,特色小镇作为生产力空间布局优化的重要举措,对产业转型升级和区域经济发展具有重要意义。党的十九大报告首次提出"实施乡村振兴战略"。2018年,《乡村振兴战略规划

(2018—2022 年)》提出小城镇与乡村发展的全面协调。2021 年,中央一号文件提出加快农业农村现代化,全面推进乡村振兴。2021 年 4 月,国家发展改革委印发《2021 年新型城镇化和城乡融合发展重点任务》,强调促进大中小城市和小城镇协调发展,促进特色小镇规范健康发展,以县域为基本单元推进城乡融合发展。

全国小城镇发展阶段及其背景和相关配套政策见表 3-1。

表 3-1　全国小城镇发展阶段

| 发展阶段 | 宏观政策背景 | 相关配套政策 |
|---|---|---|
| 小城镇限制发展期(1949—1978 年) | 《关于调整市镇建制、缩小城市郊区的指示》(1963 年,中共中央、国务院)提出"常住人口在 3000 人以上,其中非农人口占 70% 的居民区或人口在 2000～3000 人,其中非农人口在 85% 以上的地区才算城镇"。 | |
| 小城镇快速发展期(1979—1997 年) | 《中共中央关于加快农业发展若干问题的决定》(1979 年,党的十一届四中全会)提出"有计划地发展小城镇建设和加强城市对农村的支援。……要十分注意加强小城镇的建设……";全国城市规划工作会议(1980 年)提出"控制大城市规模,合理发展中等城市,积极发展小城镇的方针";《关于调整建镇标准的报告》(1984 年,国务院)提出"为了适应城乡经济发展的需要,适当放宽建镇标准,实行镇管村体制,对于加速小城镇的建设和发展,逐步缩小城乡差别,进行物质文明和精神文明建设,具有重要意义";中央农村工作会议精神、《关于加强小城镇建设的若干意见》(1994 年,党的十四届三中全会)提出"要引导乡镇企业在小城镇适当集中,使小城镇成为区域的中心","在稳步发展农业的同时,积极发展农村二、三产业,搞好小城镇建设" | 《中共中央关于 1984 年农村工作的通知》(1984 年)提出"允许务工、经商、办服务业的农民自理口粮到集镇落户";《国务院关于农民进入集镇落户问题的通知》(1984 年)提出"凡申请到集镇务工、经商、办服务业的农民和家属,在集镇有固定住所,有经营能力,或在乡镇企业单位长期务工的,公安部门应准予落常住户口,及时办理入户手续,发给《自理口粮户口簿》统计为非农业人口……";《中共中央关于建立社会主义市场经济体制若干问题的决定》(1993 年,党的十四届三中全会)提出"逐步改革小城镇的户籍制度,允许农民进入小城镇务工经商,发展第三产业,促进农村剩余劳动力的转移" |

续表

| | 宏观政策背景 | 相关配套政策 |
|---|---|---|
| 小城镇健康发展期（1998—2001年） | 《中共中央关于农业和农村工作若干重大问题的决定》（1998年）提出"发展小城镇，是带动农村经济和社会发展的一个大战略"；<br>党的十五届四中全会（1999年）提出"加快小城镇建设，是关系到我国经济和社会发展的重大战略问题"；<br>《关于促进小城镇健康发展的若干意见》（2000年，中共中央、国务院）提出"针对小城镇建设中存在的诸多'不容忽视的问题'，提出小城镇建设要遵循'尊重规律，循序渐进；因地制宜，科学规划；深化改革，创新机制；统筹兼顾，协调发展'的原则，促进小城镇健康发展" | 《关于促进小城镇健康发展的若干意见》（2000年）提出"吸引乡镇企业进镇。鼓励农村新办企业向镇区集中。吸引国有企业技术、人才和相关产业向小城镇转移。鼓励大中城市的工商企业和商业保险机构到小城镇开展经营活动"；<br>"各地要制定相应的优惠政策，吸引企业、个人及外商以多种方式参与小城镇基础设施的投资、建设和经营。国有商业银行要采取多种形式，增加对小城镇建设的贷款数额"；<br>"对重点小城镇的建设用地指标，由省级土地管理部门优先安排。对以迁村并点和土地整理等方式进行小城镇建设的，可在建设用地计划中予以适当支持"；<br>"从2000年起，凡在县级市市区、县人民政府驻地镇及县以下小城镇有合法固定住所、稳定职业或生活来源的农民，均可根据本人意愿转为城镇户口，并在子女入学、参军、就业等方面享受与城镇居民同等待遇，不得实行歧视性政策" |
| 小城镇质量提升期（2002—2014年） | 《中华人民共和国国民经济和社会发展第十一个五年规划纲要》（2006年）提出"坚持把解决好'三农'问题作为重中之重，实行工业反哺农业、城市支持农村，推进社会主义新农村建设，促进城镇化健康发展……坚持大中小城市和小城镇协调发展"；<br>《中共中央关于制定国民经济和社会发展第十二个五年规划的建议》（2010年）提出"按照统筹规划、合理布局、完善功能、以大带小的原则，遵循城市发展客观规律，以大城市为依托，以中小城市为重点，逐步形成辐射作用大的城市群，促进大中小城市和小城镇协调发展"；<br>《国家新型城镇化规划（2014—2020年）》（2014年）提出"以城市群为主体形态，推动大中小城市和小城镇协调发展" | 《中共中央关于推进农村改革发展若干重大问题的决定》（2008年，党的十七届三中全会）提出"逐步建立城乡统一的建设用地市场，对依法取得的农村集体经营性建设用地，必须通过统一有形的土地市场，以公开规范的方式转让土地使用权，在符合规划的前提下与国有土地享有平等权益"；<br>《坚定不移沿着中国特色社会主义道路前进 为全面建成小康社会而奋斗》（2012年，党的十八大报告）提出"加快完善城乡发展一体化体制机制，着力在城乡规划、基础设施、公共服务等方面推进一体化，促进城乡要素平等交换和公共资源均衡配置，形成以工促农、以城带乡、工农互惠、城乡一体的新型工农、城乡关系"；<br>《中央新型城镇化工作会议》（2013年）提出"全面放开建制镇和小城市落户限制" |

| 宏观政策背景 | 相关配套政策 |
|---|---|
| **小城镇特色化发展期（2015年以来）**<br><br>《中华人民共和国国民经济和社会发展第十三个五年规划纲要》（2016年）提出"加快发展中小城市和特色镇，……因地制宜发展特色鲜明、产城融合、充满魅力的小城镇"；<br>《关于开展特色小镇培育工作的通知》（2016年，住房城乡建设部、国家发展改革委、财政部）提出"到2020年争取培育1000个左右各具特色、富有活力的特色小镇，引领带动全国小城镇建设"，"培育特色鲜明、产业发展、绿色生态、美丽宜居的特色小镇，探索小镇建设健康发展之路，促进经济转型升级，推动新型城镇化和新农村建设"；<br>《决胜全面建成小康社会　夺取新时代中国特色社会主义伟大胜利》（2017年）提出"实施乡村振兴战略。农业农村农民问题是关系国计民生的根本性问题，必须始终把解决好'三农'问题作为全党工作重中之重"；<br>《中华人民共和国国民经济和社会发展第十四个五年规划和2035年远景目标纲要》（2021年）提出"坚持农业农村优先发展，全面推进乡村振兴。走中国特色社会主义乡村振兴道路，全面实施乡村振兴战略，强化以工补农、以城带乡，推动形成工农互促、城乡互补、协调发展、共同繁荣的新型工农城乡关系，加快农业农村现代化" | 《新型城镇化站在新起点》（2016年）提出"将强化对特色镇基础设施建设的资金支持，支持特色小城镇提升基础设施和公共服务设施等功能。选择1000个左右条件较好的小城镇，积极引导扶持发展为专业特色镇"；<br>《关于开展特色小镇培育工作的通知》（2016年，住房城乡建设部、国家发展改革委、财政部）提出"省、市、县支持政策有创新。……促进小镇健康发展，激发内生动力""国家发展改革委等有关部门支持符合条件的特色小镇建设项目申请专项建设基金，中央财政对工作开展较好的特色小镇给予适当奖励"；<br>《决胜全面建成小康社会　夺取新时代中国特色社会主义伟大胜利》（2017年）提出"坚持走中国特色新型城镇化道路，深入推进以人为核心的新型城镇化战略，以城市群、都市圈为依托促进大中小城市和小城镇协调联动、特色化发展，使更多人民群众享有更高品质的城市生活"；<br>《国务院办公厅转发国家发展改革委关于促进特色小镇规范健康发展意见的通知》（2020年）提出"根据特色小镇多数位于城乡接合部的区位特点，推动其先行承接城乡融合发展等相关改革试验，努力探索微型产业集聚区高质量发展的经验和路径"；<br>《中共中央　国务院关于全面推进乡村振兴加快农业农村现代化的意见》（2021年）提出"加快县域内城乡融合发展。推进以人为核心的新型城镇化，促进大中小城市和小城镇协调发展"；<br>《2021年新型城镇化和城乡融合发展重点任务》（2021年，国家发展改革委）提出"促进大中小城市和小城镇协调发展，加快推进城乡融合发展，以县域为基本单元推进城乡融合发展" |

### 3.1.2　浙江省小城镇发展

限制发展期(1948—1978年):中华人民共和国成立后至改革开放前,在以农业和农村支持工业和城市发展的"城市偏向"的宏观政策下,浙江省偏离国家推导的发展重心,加之资源贫瘠的小城镇作为与城市隔离的农村地区被严格控制发展,民政、户籍、经济等一系列配套政策将小城镇长期锁定在低水平状态。

快速发展期(1979—1997年):改革开放后,浙江省小城镇的战略定位体现为近乎波浪式的变化。在1979—1997年的小城镇快速发展期,浙江省小城镇作为推动农村和农业发展、巩固块状经济优势的"大问题"开始得到重视;但"离土不离乡""进厂不进城"等政策在促进农村经济与个体经济发展的同时,也使得乡镇企业发展受阻,农村非农化生产单元在区域空间上低密度集聚,小城镇的发展相对滞后。

健康发展期(1998—2001年):2000年,《浙江省政府关于加快推进浙江城市化若干政策的通知》提出鼓励和引导农村人口向小城镇集聚,小城镇被提升至"带动农村经济和社会发展""缓解国内需求不足、为工业和服务业发展拓展新空间、实现工业化与城镇化协调发展"的高度。浙江省促进小城镇"要素集聚"的发展政策使小城镇成为城市体系的重要组成部分,推动形成了以镇一级小区域为单位,人口和产业高度集聚、相互并列的块状经济区的格局。

质量提升期(2002—2014年):2012年,《浙江省新型城市化发展"十二五"规划》提出不断增强县域城镇集聚能力,将一批有条件的中心镇基本培育成为现代新型小城市;2014年,《浙江省人民政府办公厅关于印发浙江省强镇扩权改革指导意见的通知》将"省级中心镇,重点是小城市培育试点镇"列为扩权对象。浙江省的城镇化战略侧重于城市群、都市区、区域中心城市的建设,以都市区为重点的城镇群网络成为推进城市化的主体形态,提出"做大做强县城",并将有条件的中心镇培育为现代新型小城市,小城镇一级的建设实际成为城镇群网络中的辅助环节。总体上,2015年前,浙江省小城镇的战略定位体现出近乎波浪式的变化上,经历了20世纪80年代分散式、多中心的外延式快速发展后,20世纪90年代中期浙江省小城镇进入内涵式质量提升阶段,2005年后又进入中心镇优先建设阶段。

特色化发展期(2015年至今):浙江省自2015年后开始重视小城镇在产业转型升级、人口吸纳集聚、特色城镇面貌营造等方面的作用。2015年以来,借助强化小城镇特色化发展的政策,以特色小镇为代表的小城镇重新成为浙江省新型城镇化和产业转型升级的新动力和重要平台,并实施小城镇环境综合整治行动,加快建设各具特色的小城镇。小城镇再次成为浙江省促进经济转型升级,推动都市区建设和新农村发展的重要着力点。2019 年,浙江省提出实施"百镇样板、千镇美丽"工程。美丽城镇建设计划以全省 1010 个小城镇为对象,按照每年打造 100 个左右的进度,到 2022 年打造 300 个省级样板,以百镇样板引领千镇美丽;到 2035 年,高质量全面建成功能便民环境美、共享乐民生活美、兴业富民产业美、魅力亲民人文美、善治为民治理美的新时代美丽城镇。在经历了前几十年的数量激增和规模膨胀后,浙江省小城镇的转型发展和建设成就更多体现于在不同阶段涌现出的工业型城镇、中心镇、特色城镇,着眼于省域内所有乡镇,量大面广、发展不均是当前省域小城镇的现实特征,且在未来发展中将会面临更加深刻的质的提升和层级的分化。

2020 年 5 月,浙江省发布了全国首个《浙江省美丽城镇建设评价办法(试行)》(简称《评价办法》),探索建立以美丽城镇发展指数为代表的综合评估体检机制,创新性地提出了分类型、分特色的美丽城镇综合评价体系,旨在高质量全面建成环境美、生活美、产业美、人文美、治理美的"五美"城镇。《评价办法》中,将美丽城镇分为都市节点型、县域副中心型、特色型和一般型四种类型,其中特色型又分为文旅、商贸、工业、农业特色四个子类。《评价办法》对都市节点型和县域副中心型美丽城镇的省级样板提出了更高要求,对不同类型的特色型美丽城镇也划定了差异化的评价指标。特色小城镇的发展是留住乡愁的关键,在保护和传承好地方特色文化的基础上,充分利用地方历史文化资源,强化城镇的产业与生活服务的相互支撑作用,积极发展旅游文化产业。

## 3.2　日韩小城镇发展情况

### 3.2.1　日本小城镇发展

日本小城镇主要指市、町、村这一级行政单位,属于管辖范围较小的地方政府。与国内相比,日本的"市"类似我国较小的县城,"町"类似我国的建制镇,"村"类似我国的乡镇。人口在 3 万～10 万人的小市及町是日本小都市的代表,在政府、企业及当地民众的支持下,这些小都市通过发展包括第一、二、三产业在内的综合经济体,其自身的经济功能、生态功能及社会功能得以充分发挥。

第二次世界大战(简称二战)后,日本通过农地改革实行"耕者有其田",极大地解放了农村生产力,农民的兼业化广泛发展,带动了农村的城镇化。1955 年开始,日本进入经济高速增长时期,农业技术设备投资力度加大,土地的集中和规模化经营加快了人口的非农化转移和工业进入小城镇。1968 年前后,日本的城镇化率首次超过 50%。20 世纪 60—70 年代,日本经济高速增长,超过德国跃居世界第二经济大国。到 1970 年,日本的城镇化率达到 72.2%,相比 1950 年翻了一番。作为都市区集中发展的国家,日本在城镇化快速发展阶段,"城市病"突出,城乡发展差距较大,对此,日本通过新农村建设等重大战略推动城镇化健康发展,制定一系列国土空间规划,在确保大城市集中有序发展的同时,保障中小城镇和偏远地区的发展。同时通过完整的村镇建设,完善农村基础设施和社会服务设施建设。

20 世纪 60—70 年代,日本经济快速发展,消费结构不断升级,日本通过发展农家乐开发多元旅游产品,将现代农业与旅游业相结合,实现了生态效益、经济效益和社会效益的共赢。

**(1)小城镇发展停滞阶段(二战前)**

日本国土狭长且山地众多,但耕地面积不足。资源禀赋不足,使其对内推行寄生地主制,最大限度地剥夺农民的剩余价值,农村两极分化严重。19 世纪 80 年代,日本开始产业革命,农村阶级分化加速。1904—1905 年日俄战争后,日本逐渐完成工业革命,形成以东京、大阪、名古屋、北九州为中心的四大工业带,但产业结构的不完善导致大城市经济发展难以辐射到农村。1930 年之前,日本的城镇化率低于 30%,尤其是 1929 年席卷全球的经济大萧条给日本农村以沉重打击,农村的贫困化成为日本"国内问题国外解决"走向侵略道路的内因之一。

**(2)小城镇起步发展阶段(二战后—1960 年)**

二战后,日本经济高速增长,1946 年,日本议会通过了《创立自耕农特别措施法》《农地调整法改正法》,实现了"耕者有其田",农地改革极大地解放了农业生产力,推动了产业结构升级,推动了城市化进程。1950 年,日本的城镇化率约为 36.1%。1955 年开始,日本进入经济高速增长时期和工业化加速时期,日本政府出台了一系列放宽土地流转限制的法律,推动土地规模化经营,同时开展村镇合并和城镇提质运动,充分利用战后新一轮技术革命的契机,加大技术设备投入。20 世纪 50—60 年代,日本城镇化加速发展时期,日本将放宽土地流转和推进市町村合并作为推动农村劳动力实现就地转型、加快农村城市化的重要途径。经济的飞速发展使人们生活水平日益提高,消费结构不断改变。

日本通过放宽土地流转,为小城镇的工业化和城镇化奠定了基础。1952年,日本的《农地法》确定了以小规模家庭经营为主的农业经营方式的合法性,但在土地私有制下,农户对土地资产升值存在预期,以及对农产品价格实行保护下扭曲的农产品价格使日本农业经营得不到规模化发展,形成了土地规模小、地块分散的特点。改造传统小规模农业也是包括日本在内的东亚地区面临的共同课题,放宽土地流转限制,推动土地的集中化规模化经营,在一定程度上加快了人口的非农化转移和工业进入小城镇。

**(3)小城镇快速发展阶段(1961—1980 年)**

1968 年前后,日本城镇化率首次超过 50%。1975 年,日本的城镇化率达75%。20 世纪 70 年代后期,日本已基本实现现代化。然而在前期公共投资和市场经济主导下,片面追求工业发展导致日本城乡之间的收入差距逐步扩大,大城市过度集聚导致乡村人口结构老龄化,并且农村的各项社会生产活动逐渐消失。同时,日本面临财政紧缩、地方分权、少子老龄化以及全球化等国内外形势变化等问题。针对这些问题,日本制订了大量法律加大村镇基础设施的建设力度,以疏散城市人口、促进乡镇(町村)发展,包括《过疏地区活跃法特别措施法》《半岛振兴法》《山区振兴法》等。

在城镇化快速发展阶段,日本连续 5 次实施全国综合开发规划,为经济和城镇化的健康发展打下了基础。相应时间分别为第一次 1961—1968 年,第二次1969—1976 年,第三次 1977—1986 年,第四次 1987—1997 年,第五次 1998—2008 年。其中前四版全国规划带有明显的投资和开发性质,第五版(1998 年)全国规划标志着日本大规模国土开发时代的终结,日本社会向后城市化时代过渡。

**(4)小城镇合并发展阶段(1981—2010 年)**

20 世纪 80 年代中后期,日本农村社会的现代化水平相应提高,村镇的基础设施水平已和城市基本持平,农村人口的生活条件、收入水平、居住环境质量得到极大的提升。在日本村镇建设中,根植于地域的特色资源和地方产业发展发挥了至关重要的作用。在此过程中,村民归属感增加,乡村的吸引力也大大提升。20 世纪 90 年代,日本泡沫经济破灭后经济陷入低迷阶段,由大量生产和消费型社会向循环型社会转变,并成为主流,生态城镇建设成为促进地方可持续发展的重要途径。1991 年,日本提出内源式乡村发展,以地域资源可持续利用为主导,强调"森里川海"为一体的生态整体观,因地制宜地推进农村可再生能源开发利用,促进经济、社会、生态协调发展。鼓励充分发挥乡村资源优势、培育乡村内生发展动力,推动旅游发展,实现三产融合发展,以六次产业化提升农产品附加值,促进乡村经济多元化发展。从 20 世纪 80 年代开始,日本政府相继出台法案,切实有力地支持农家乐发展。经历 20 多年发展之后,日本农家乐模式结合乡土特色和文化特色开发多元旅游产品,注重融入农村生态教育功能,开发农村手工艺品和手工艺人的价值,重视人才培养,引导社会力量参与乡村振兴。注重当地自然环境保护成为日本农业旅游的一个典型特点,同时日本农家乐具有"一村一品"的特色和独有的"日本式"服务,并利用互联网、多媒体等手段不断对外宣传,促进了产业的融合发展。

在推进城镇化进程中,日本开展了 3 次市镇村大合并运动。1886 年第一次町村合并,日本政府按照建立一所小学所需要的人口规模设置了 300~500 户为一町村的规模标准。1953 年,日本开始第二次町村合并——"昭和大合并",并颁布了《町村合并法》,规定了以建一所初级中学的人口规模(8000 人)为町村的人口规模标准。到 1961 年,市町村的数量减少了 2/3,其中村的数量减少了 4/5,町的数量略有增加,市的数量翻了一番。2000 年后,日本开始第三次町村合并,21 世纪前 10 年,日本的小城镇经过合并后的数量是原先的一半。小城镇数量的减少使城乡资源分配更为合理,城镇质量明显提高,这也体现了在城镇化率较高的阶段,发达国家普遍注重小城镇质量提升的特点。

在新型农村社区建设中,日本通过完整的村镇综合建设规划,以村落为基础单元,对村镇进行基础设施和社会服务设施的建设。到 20 世纪 80 年代中后期,全国村镇的基础设施水平已经和城市基本持平,政府通过提供补偿和创业优惠等政策鼓励人们返乡工作。自 20 世纪 70 年代初日本实施村镇示范工程以来,日本的村镇建设围绕不同主题循序渐进,其规划主题已经完成 5 个阶段的调整变化,在不同阶段突出不同重点的特征。第一阶段(1973—1976 年)注重缩小城乡生活环境设施建设的差距;第二阶段(1977—1981 年)强调建设具有地区特色的农村定居社会;第三阶段(1982—1987 年)注重居民参与利用和管理各种设施;第四阶段(1988—1992 年)注重建设自立而又具有特色的区域;第五阶段(1993 年至今)则利用地区资源,挖掘农村潜力,提高生活舒适性。日本村镇综合建设示范工程使得日本的农业与农村经济突飞猛进,城乡居民的收入差距缩小,推动了地区经济发展。

### (5)小城镇成熟发展阶段(2011 年至今)

2011 年,日本总人口数达到峰值后开始减少。2015 年,日本编制了第七版《国土形成规划法》,强调广域地区的自主协作发展与乡村内源式地域资源可持续利用。2018 年,日本启动乡村振兴转型的新模式"地域循环共生圈"。小城镇立足于本地资源禀赋,发展特色产业,走符合本地实际的差异化发展路径,在农业农村可持续发展基础之上,综合提升经济、社会和环境效益。如有些小城镇借助动漫文化与旅游资源的良性互动,带动小城镇实现高效、生态和可持续的城镇化发展之路。通过提高产品附加值、延伸产业链,日本小城镇形成了特色产业集聚优势,同时由于注重打造小城镇个性和品牌,地域文化在小城镇特色化发展中得以激活,基础设施的完善进一步推动了小城镇向生态化与集约化发展。通过发展低碳、循环和环境友好型产业,带动乡村产业转型升级,以 6 次产业化提升农产品附加值,促进乡村经济多元化发展。

2005 年,日本出台的"跨产品经营安定政策",不再对小规模兼业农户在内的所有农户给予补贴,只对具有一定规模的农户以及规范的生产合作组织进行收入补贴,通过让小规模经营农户放弃土地以促进规模化农业经营。同时,日本在实现农业现代化规模化生产的同时,更加重视传统农业精细化发展,培育有机、绿色农产品。2018 年,日本启动乡村振兴转型的新模式"地域循环共生圈",以环境、经济和社会效益的综合提升为目标,有效整合地域资源,促进生态与经济良性循环发展。同时注重乡村软实力的培养,通过对农村社区的支援、与民间组织的协作以及引进外部人才等方式,弥补由市町村合并及行政改革所造成的地方政府职能弱化或缺失。

日本通过制定多层次的发展战略规划指导小城镇的发展,通过将小城镇纳入大城市圈、与中小城市联合共同发展、运用地方特色创建特色城镇。每隔 10 年左右,日本政府就会对小城镇建设相关法律进行完善和修改,在确保大城市集中有序推进城镇化的同时,保障中小城镇和偏远地区的发展。相关资料表明,截至 2013 年,历届日本政府总共制定了 230 多项小城镇发展规划(不包含小城镇自身制定的发展规划)。《国土利用计划》《国土综合开发法》为日本城镇化发展提供了一个总体框架和基本模式。在此基础上,日本政府因地制宜,分别制定了《四国地方开发促进法》《北海道开发法》等符合各地基本情况的地方性法规、促进偏远地区经济发展的《山区振兴法》、促进乡村工商业发展的《关于促进地方中心小都市地区建设及产业业务设施重新布局的法律》。《国土利用计划》对辖区全域国土利用进行全面而综合的计划,与我国传统的土地利用总体规划较为类似,但日本各级各类法律法规相对健全,并形成了多轨并行模式下,上下传导顺畅、各级各部门事权明晰的国土空间规划体系。

面对严峻的农村空心化和老龄化问题,日本小城镇建设在宏观层面建立了健全的法律体系,政府注重加大法律制度和政策安排以促进小城镇发展。在强调政府主导地位的同时,也注重培育自下而上的发展动力,充分发挥小城镇作为农村地域组织和服务中心的职能。日本属于地少人多的国家,人口流失严重和老龄化趋势的加剧成了日本"造村运动"时的社会背景。为了解决大城市过度发展造成的农村衰退问题,日本政府实施新农村建设与村镇综合建设示范工程,对村镇地区城乡生活环境设施进行建设,改变农村脏乱差面貌的同时,注重保持山川秀美的农村特色,积极发展特色小镇,整合并极致化利用土地资源,集中发展最具代表性的特色资源,使小城镇具有区别于大城市的特色产业和吸引力。"一村一品"运动在大力支持与发展特色农业和具有特色的旅游业的同时,注重发展特色主导产业,有效吸引了人才资源流入,扩大了小城镇发展空间。日本通过加大对历史文化、优秀农产品的保护与开发力度,构建了具有地方特色且适合地方发展的支柱产业,有利于推动政治进步、农村社会复兴和减小贫富差距,对亚洲地区农业发展尤其具有借鉴意义。同时,日本小城镇发展具有培育周期长的特点,日本用了近 20 年时间逐步培育小城镇的完善成熟。因此,要使小城镇成为城镇化的有力承载体,我国也必须充分考虑到小城镇培育的周期问题。

### 3.2.2 韩国小城镇发展

英国、美国、日本等发达国家发展小城镇时的城镇化率均达到 70%,而韩国重点发展小城镇时的城镇化率在 40%～50%,与我国类似。因此,韩国的"新村运动"对我国小城镇建设具有重要的启发和借鉴意义。韩国"新村运动"着重改善村落生活环境,解决城乡差距扩大的问题,通过将小城镇培育成生活、文化、交流的中心地区,辐射带动周围农村地区。韩国"小城镇开发事业"旨在将小城镇培育成为服务周边农村地区生活、文化、交流的中心地。通过改善小城镇落后的生活环境,整治街道、市场等基础环境,培育小城镇的自主生产能力,使其具备准城市的职能,缩小城乡之间生活水平的差距。

**(1)小城镇起步发展阶段(二战后—1970 年)**

1950 年,随着朝鲜战争的爆发,韩国大批失地农民涌入城市谋生,进而推动了城镇化。20 世纪 60 年代后,韩国才开始工业化驱动下的城市化进程。在城镇化起步发展阶段,韩国政府实施经济开发 5 年计划和工业产品出口战略,工业化和城镇化得到了一定发展;但同时,农业和农村的发展被忽视,造成工业与农业之间、城镇与乡村之间的严重差距。为摆脱全国性贫困落后、工农业发展失衡、城乡差距加大的局面,韩国在 20 世纪 60 年代曾进行"再建国民运动"的尝试,但因行政指令色彩太浓、政府大包大揽、农民缺乏参与性而失败。

**(2)小城镇快速发展阶段(1971—1990 年)**

为了改变农村落后的面貌,韩国从 1970 年开始进行"新村运动",当时的城镇化率约为 37%。"新村运动"由时任总统朴正熙发动,以"勤劳、自助、合作"为主旨,以新村教育为载体,与农民对话、交流和体验,获得农民的高度认同,从而与农民齐心协力建设新农村、建设新国家。"新村运动"以农业现代化建设为核心,为促进落后地区开发制定和实施了一系列政策措施,将农村地区的小城镇培育成生活、文化和交流中心。"新村运动"在一定程度上达到重建农村的目的,同时树立了自助、自立、自信的精神风貌。

韩国"新村运动"以缩小城乡差距、改造农村、造福农民为目的,开展了一系列改善农民生产生活条件的村庄建设项目,其主要内容包括 3 个方面:改善环境、增加所得、改造意识等事业。"新村运动"大致每 3 年为一个阶段:1971—1973 年为基础建设阶段,重点在改善农民居住条件;1974—1976 年为扩散阶段,重点在提高农民居住环境和生活质量;1977—1980 年为充实和提高阶段,重点在发展生产、推动乡村文化建设;1988 年以后为自我发展阶段,提倡个性化与特色化的乡村发展。韩国的"新村运动"取得巨大的成功,被认为是发展农村的典范。以改善生活环境为突破口,"新村运动"根据每个村庄特点,最大程度地利用城镇资源与设施,制定符合其自身条件的发展规划,并对村庄空间进行更新改造。政府无偿提供水泥钢筋等物资展开基础设施建设,结合地方优势塑造各城镇内部景观特色,并注重生态平衡。"新村运动"在很大程度上改变了韩国农村混乱的形象,实现了城乡协调发展、人与自然的和谐相处,从而得到农民的普遍认可。"新村运动"期间,韩国政府推进的 2 次国土综合开发规划也可看出其对农村地区发展的重视:从第一次(1972—1982 年)强调首都圈与东南沿海工业区的节点式开发,到第二次(1983—1990 年)注重引导人口向地方转移,实施新城开发。

**(3)小城镇开发与综合培育事业阶段(1991—2009 年)**

20 世纪 90 年代初,韩国已经基本实现工业化目标。1995 年,韩国人均GDP 达到 11469 美元,成功突破"中等收入陷阱",跻身高收入国家行列。1990—2001 年的小城镇开发事业阶段,韩国政府实行"小城镇开发事业"计划,注重把镇、乡所在地打造成综合性中心,囊括经济、文化、行政等功能,吸引更多的剩余农村人口进入中小城市,让城乡之间的开发差距在地区经济不断振兴和地方生活不断提高中得到缩小。1990 年后,韩国逐渐把小城镇培育成农村地区的综合性中心地。其间实行的韩国第三次(1992—1999 年)"国土综合开发规划"主要推进西海岸产业区和地方分散性国土开发国际化与对外开放。

韩国坚持政府引导,以农民为主体,以村为单位的原则,在市场和政府共同主导下,采取"政府支持一点,农民自筹一点"的方法改善农村生活环境。同时,韩国在全国范围内开展倡导精神文明建设,兴建农村公益事业,完善全国性的新农村民间组织,调动了农民自主建设新村的积极性和主动性。按照循序渐进、先易后难的原则,韩国新村建设以激发精神意志的方法发展事业,从改善农村环境入手,通过基础设施的改造,增强农民改变现状的信心和自觉性,并形成"勤勉、自助、合作"的新村精神。此外,"新村运动"坚持教育培训,点面结合,通过领军人物发展事业。教育贯穿在整个"新村运动"的过程中,从中央到地方各级均建立研修院,用以培养和教育"新村运动"建设指导者。此外,"新村运动"还强调科技优先,突出特色,政府提供了农业科技研发、成果转化、农民培训、科技推广、良种供应等一系列科技服务,鼓励农民通过创新提高收入。

韩国作为亚洲最早参与"慢城运动"的国家,小城镇人口一般少于 5 万人,通过发展具有当地特色的传统农贸市场,鼓励发展生态农业,大力提倡慢餐文化,营造悠闲舒适的氛围。增加基础公共设施供居民休憩娱乐,进一步提升居民的生活品质。注重培育和发扬村镇个性,通过延续传统文脉和地方感,创造性地使小城镇地域文化产生持久魅力。随着人民生活水平的提升和生态文明意识的加强,具有浓郁地方特色和优美生态环境的小城镇将吸引一大批受城市病困扰的都市居民,从而迎来广阔的发展前景。

**(4)小城镇城乡一体化发展阶段(2010 年至今)**

2010 年开始,韩国进一步提升邑面所在地的基础设施功能和生活便利度,提高居民生活质量。2015 年至今开展的农村中心地的活化性项目继续强化邑面所在地据点功能,强化偏远地区与邑面所在地的连接。至今,韩国农村已进入农业机械化、村村电气化、交通网络化、教育普及化、流通服务城镇化的阶段。可以说,韩国已经成功实现"二元经济转型",城乡经济和社会生活实现了一体化。

在韩国小城镇培育过程中,立法先行对小城镇发展意义重大,韩国在实施小城镇发展政策所采取的首要举措是制定专门法律,如《国土建设综合计划法》(1963 年)、《地方工业开发法》(1970 年)、《有关产业区位及开发法律》(1990 年)、《有关趋于均衡开发及地方中小企业培育法律》(1994 年)。为了促进农村地区的发展,先后制定了《岛屿开发促进法》(1986 年)、《边远地区开发促进法》(1988 年)、《农渔村发展特别措施法》(1990 年)、《农渔村整治法》等一系列法律。在城市化率约达 80% 的情况下,韩国政府还在制定有关法律,如《地方小城镇培育支援法》(2001 年)和《小城镇培育事业 10 年促进计划(2003—2012 年)》(2002 年),使小城镇的质量迅速提升。

韩国政府始终把发展小城镇当作促进农村地区和落后地区发展,实现经济和区域协调发展的重要途径和捷径。注重在顶层设计层面提供制度性保障,通过中央财政支援落后地区小城镇发展,使其在发展基础薄弱的初期阶段,得到相当规模的启动资金。同时通过规定配套资金措施保障地方政府也承担资金扶持的义务,提高地方政府对小城镇发展事业的重视。但同时,韩国政府对小城镇的扶持资金总额有限,导致地方政府承担的比例过高,未能有效调动地方政府的积极性。此外,小城镇建设重点过于分散也是韩国小城镇建设中存在的不足之一。对小城镇采取全面促进的发展方式导致入选的小城镇过多,计划事业圆满实现度不高;而且,对小城镇生活环境、服务设施、产业基础等各个方面都给予资助,也导致小城镇发展重点不够突出。

## 3.3 欧美小城镇发展情况

### 3.3.1 英国小城镇发展

**(1)小城镇起步发展阶段(1760年以前)**

工业革命时期以前,因生产力发展水平低下,城镇化发展缓慢,但英国的社会、经济及城镇体系已发生一系列变化,为之后的工业化发展奠定了基础。首先,始于17世纪的农业革命,使得英国的农业生产效率得到大幅度的提升,不仅极大地推动了农业生产力和农业经济的发展,同时在提供工业化所需劳动力的粮食供应、生产原料、资本积累以及国内市场等方面做出了贡献。其次,历时几个世纪的"圈地运动"使土地所有制发生了变化,促成农民与土地的分离。"羊吃人"现象使得许多农民被"推出"农村,使得人口进入第二、三产业成为可能。最后,随着商品经济的萌芽和新航路的开辟,英国对外贸易急剧扩大,使得国内以纺织业为主的手工业迅速发展。英国由农业经济社会逐渐转向商品经济社会。这一时期,英国城镇化水平并未有显著上升,但乡村工业化和资本主义发展使得地方性小城镇因乡村工业间的竞争和国内市场统一带来的集聚影响而发展缓慢,小城镇满足地方商品交易和服务的职能减弱。因此,小城镇的农业性质逐渐减弱,城镇功能日趋专业化和多样化,如专业市场城镇、港口城镇、制造业城镇、休闲城镇以及滨海城镇逐渐成为新的发展形式。

**(2)小城镇快速发展阶段(1761—1820年)**

18世纪60年代,英国开始工业革命,成为世界上第一个工业化国家,英国的大规模城镇化也始于工业革命时期。1761—1820年,这一时期小城镇的发展呈现绝对的上升态势。早期以纺织业为代表的工业发展,其新型的大机器工厂受到水力、风力等动力资源的制约,工厂主要分布于广大的农村地区或拥有丰富水源的城市郊区。可以就近利用自然资源的同时,也吸收了工厂周边的农村剩余劳动力,推动了当地的就地城镇化进程。因此,随着农村工业的发展,地处工业区的农村中涌现出一大批增长迅速的工业小城镇,并推动小城镇原有商贸服务功能的进一步发展。此外,在这一时期,交通型小城镇也进一步发展起来。得益于英国18世纪快速发展建设的公路、运河,许多位于交通沿线的小城镇从中获得发展动力,逐渐具备相应职能,成为交通路线上重要节点,由此形成为公路及水路运输服务的交通型小城镇。19 世纪初期,小城镇的增长速度有所放缓。小城镇发展速度的放缓由多种因素造成:一方面,工业革命早期分散式的农村工业布局已难以满足发展的需要,工厂开始逐渐向城市集中发展。城市逐渐替代农村在经济、社会发展中处于主导地位,这削弱了许多小城镇的经济基础,内部商贸业的衰败也致使商贩出走前往大城市或是其他小城镇。另一方面,随着蒸汽机的推广应用,使得工厂的选址不再看重水力、风力等资源,转而倾向于煤炭资源丰富或交通便利的地区。

总体来看,这一阶段小城镇的规模、数量和人口均保持了较为快速的增长,在英国城镇体系中仍占据主导地位。工业革命极大地改变了英国城市的经济地理,以纺织业为代表的新兴工业城市主导了城镇发展的进程,人口增长十分迅速,小城镇的地理空间布局也相应发生变化。工业革命前,由于以农业经济为主体,因此英国经济最发达的地区是以伦敦为中心的东南部地区,小城镇的地理布局与农业国家的经济发展重心相一致。工业革命开始后,西北部地区的工业逐渐成长起来,变成重要的工业区,吸引经济要素与人口向此处集聚。工业先天的集聚型特征及其与农业的比较优势,拉动了各种经济要素和人口向一定地理空间集中。因此,这一时期位于西北部地区的小城镇迅速成长起来,尤其是专业性的工业小城镇,而位于传统农业地区的小城镇则陷入衰败的局面。这一时期出现了新的生产组织方式——近代工厂制,加快了作坊制、家庭制生产的消亡,促使手工工场逐渐向近代工厂过渡。可以说,近代工厂制实现了资本与劳动的集中,并促进了劳动分工进一步增强,推动了英国的经济转型。

**(3)小城镇发展相对停滞阶段(1821—1890 年)**

19 世纪 20—90 年代,小城镇的发展进入相对停滞阶段。这一时期,小城镇的规模和人口虽然都获得一定程度的提高,但小城镇在社会、经济和城镇体系中的比重增长呈现近乎停滞的状态,许多传统类型和部分工业小城镇面临着发展困境。这一时期,英国的城镇化速度快,城镇化率高。英国的工业化与城镇化基本同步实现。1850 年,英国城镇化率达到 50%,初步实现了城镇化;1890 年,英国城镇化率超过 70%。

英国的城镇化进程,到二战为止,基本上一直是传统的向心密集型城镇化,主要是人口从农村、小城镇不断向大城市迁移的过程。农村人口的流动往往以就近的大城市为最终目的地,呈现"梯级移民"的特征。因此,大城市人口的扩张在很大程度上阻碍了小城镇的发展,使得城镇体系越来越以大城市为主要组织单位,小城镇的地位不断下降。而大城市的发展往往是以损害小城镇利益为前提的。一方面,由于生产要素及人口的转移,城市成为社会的主要生产基地。同时随着英国第二、三产业的发展,英国的产业结构发生变化,工商业逐渐成为市场经济的主导,工业品大量进入农村地区也加速了农村经济的瓦解,传统农业经济日渐式微。另一方面,受到耕地面积、气候及各种人为因素的限制,英国国内的粮食产品生产难以满足日益增长的城市人口的需求;到了19世纪中叶,英国已成为"世界工厂",工业品的供给量远超过国内的需求量。因此,英国在维多利亚时期通过对外贸易,利用国际大分工,使工业品得以卖出,食物和原料得以买进,以确保城镇化进程的稳定持续进行。到19世纪70年代,由于连续的恶劣气候条件和大量海外廉价农产品的冲击,英国爆发严重的农业危机。由于政府缺乏对农业的保护和干预,加剧了农业危机的蔓延,农业经济濒临崩溃。而伴随着的农产品价格的下降,导致地区对当地小城镇商贸服务需求的降低。同时在农业危机的推动下,农村人口涌入城市,传统农业社会陷入混乱,小城镇所持有的服务职能开始减弱。因此在这一时期,地处传统农业生产发达地区的小城镇受到严重冲击,失去发展动力,同时影响了一部分传统市镇的发展。

1825年,英国开始修建世界上第一条铁路,到19世纪中叶基本形成国内的铁路运输网。一方面,铁路时代的来临,使得港口小城镇的水上运输成本优势几乎不复存在,导致一些以水上运输为主业的小城镇在铁路竞争下的地位逐渐下降,因此陷入发展困境。另一方面,得益于英国密集的铁路网,将主要城市、城镇与滨海度假区连接起来,加之人们日益增长的度假需求,极大促进了滨海休闲小城镇的发展。同时在19世纪60年代之后,随着工业化进程的深入,伦敦等大城市的发展开始向外扩散,社会精英或有能力者开始向郊区迁居,在大伦敦地区开始出现城市郊区化现象。

到19世纪90年代,以商人、专业人士、公务员、办事员等人员为主的城郊住宅,已经成为中产阶级生活的基本模式。总的来看,在这一阶段,小城镇的发展总体上呈现此消彼长的态势,但大城市的增长速度远高于小城镇,使得两者之间的发展差距逐渐拉大。

### (4)小城镇发展相对复苏阶段(1891—1945年)

为避免快速工业化、高度城镇化在城市中产生的"城市病"问题,19世纪末20世纪初,一些社会精英开始探索兼顾城市生活方式和乡村优美环境的"理想城镇",试图将大城市的人口适度疏散到周边小城镇中。这一时期以小城镇为建设主体的一系列城市试验运动,是城市生活方式向农村和小城镇扩散与转移的初步试验。其中包括英国的阳光城小镇项目、伯恩维尔项目以及美国纽约的新伊尔斯威克项目等(见表 3-2)。这些小城镇旨在建设一种工业时代的新型小镇,展现工业、生活、小镇的有机结合。在规模设计上,基本控制在 $50 \times 10^4 \sim 70 \times 10^4$ 平方米内,人口规模控制在 4000 人左右;在建成环境方面,自然街道、开敞空间和花园模式取代了兵营式的住宅模式,这其实就是一种微型的小城镇。

表 3-2　英国城镇化稳定发展阶段典型小城镇发展特征

| 名称 | 建设目的 | 特征 | 意义 |
|---|---|---|---|
| 阳光城小镇 | 为扩大工厂生产规模,建造新的工厂和住宅区用以安置工人 | ①注重公共设施和社会目标,有学校、医院、教堂、音乐厅等公共建筑;<br>②关注许多社会俱乐部及休闲活动,以丰富工人的生活;<br>③将工业住宅区、居住生活设施与田园郊区的建筑与景观完美结合起来 | 并不是单纯的工业住宅小区,而是一座功能齐全的小镇。可以说是霍华德田园城市理论的"先兆版" |
| 伯恩维尔 | 住宅被设定为经济适用的租金,用以帮助低收入家庭。被称为"十先令"或"阳光屋" | 关注工人的健康和健身,并将公园和娱乐区纳入伯恩维尔项目,鼓励游泳、散步和运动 | 成为英国其他许多模范村庄的蓝图,为田园城市的发展奠定了基础,并将开放空间的好处引入现代城市规划 |
| 新伊尔斯威克 | 改善工人阶级的居住条件 | ①建立的是秩序井然的自治社区;<br>②通过提供带有开放空间的改良住宅,并在有条件的情况下提供花园,以及组织带有设施的村庄社区,以享受充分和健康的生活;<br>③不是为了救济贫民窟的慈善性住房,而是旨在改变人们生活方式的社会工程 | 在很大程度上是为了直接解决关于纽约贫困问题的开创性研究 |

同一时期,英国社会活动家霍华德受到空想社会主义者欧文、傅里叶等理论及实践的影响,于 1898 年提出了以寻求城乡融合发展为目标的田园城市理论。他在 1899 年发起成立了"田园城市协会",在 20 世纪初得以实践,在伦敦郊外建设了 2 座田园城市——莱奇沃思和韦林。这一理念也影响了此后的城市建设行

动和规划思想。这一系列以小城镇为主的建设运动,展现了社会精英对农业社会和乡村城市的持续关注。因此,即使从总体上看,这一时期以小城镇为主要对象的城市试验运动并未取得理想的效果,但相比之前,小城镇的发展趋势还是取得了一定的进步。

### (5)小城镇稳定发展阶段(1946年—20世纪60年代)

二战爆发后,伦敦城市被严重摧毁,当时英国政府曾提议研究战后重建问题,考虑到大量退伍军人战后返乡会造成住房短缺问题,所以于战时1943年成立新的部门机构——城乡规划部,并将小城镇作为战后重建和承载人口的重要空间载体。同时,艾伯克隆比于1944年完成"大伦敦规划"的编制,借鉴田园城市理论,提出在伦敦周围建设8座新城,用以疏散伦敦市中心的人口。1946年,政府颁布《新城法》,提出新城由政府委派新城开发公司统一建设、综合开发,英国正式投入新城建设运动。二战后第一任城乡规划部设立了专门的咨询机构以研究新城如何建设、制定新城建设蓝图,并提出关于新城开发机构、立法、规划原则等支撑内容。1946—1970年,其发展经历了3个阶段的探索,共建设了34座新城,吸纳了180万人口,提供了大量工作岗位,极大地促进了英国战后的社会经济发展(见表3-3)。

表 3-3  英国城镇化稳定发展阶段典型新城建设

| 阶段 | 建设时间 | 规模 | 特征 |
|---|---|---|---|
| 第一代新城 | 1946—1954年 | 规模较小,人口规模在2.5万~6万人 | 居住按邻里单位建设,对地区平衡、经济开发问题考虑较少,新城区内少有就业岗位,最根本的目的是解决住房问题 |
| 第二代新城 | 1955—1966年 | 规模依旧较小,人口规模达到20万人 | 通过在一些地区的战略地点建设新城,以促进区域经济的平衡发展,针对机动车的发展开始重视交通规划。50%居民的就业可以在新城镇内解决。新城的布局较为紧凑,交通更为便捷,仍体现了田园城市的特点 |
| 第三代新城 | 1967—20世纪80年代 | 人口规模在25万~30万人,基本达到中等城市规模 | 由私人的开发公司来进行,新城的建设进入成熟阶段。这一阶段旨在建设更富有吸引力和更高标准的新城。新城的基础、文化和服务设施更为完善,功能综合性更高、独立性更强 |

这一阶段,小城镇成为规划建设的重点。三代新城的建设,不仅在一定程度上遏制了大城市的无序蔓延,而且使得大城市周围的小城镇开始重视生活质量,总体上提高了英国小城镇的品质。同时,英国政府对于城市的规划管理,一转 19 世纪对于城市问题的"自由放任",开始以立法形式对城市的建设、管理进行干预。

**(6)小城镇推动发展阶段(20 世纪 70 年代至今)**

20 世纪 70 年代起,英国经济产业结构开始转型。一方面,其制造业的全球地位开始下降,而生产性服务业逐渐成为支柱性产业;另一方面,制造业内部由于新兴产业的冲击导致传统工业的衰退。这使得除大伦敦和英格兰东南部以外的大部分城镇出现了人口流失、就业萎缩、经济与社会发展受阻等问题,对那些依托工矿产业发展起来的传统工业小城镇影响尤其明显。为应对城镇产生的内城发展问题,1977 年,英国政府通过《内城政策》,提出要把城市建设的重心转向旧城的内城更新,其目标是:增强内城的经济实力,改善内城物质结构;提高环境吸引力;缓解社会矛盾;保持内城和其他地区的人口和就业结构平衡。这标志着"新城运动"的结束。1978 年,英国政府颁布《内城法案》,标志着英国城镇发展的主流政策正式从支持新城开发转向内城振兴,且这一导向持续至今;2019 年,新修订的《国家规划政策框架》提出"确保城镇中心活力",并且仍被视作国家层面的规划战略。因此,在这一阶段,英国政府自上而下地对内城或城镇中心实施一揽子支持计划,避免了小城镇的迅速消亡或者衰退。

20 世纪末 21 世纪初,受到欧洲"区域主义"思潮的影响,英国主流城乡规划思想转向通过区域协调发展带动城镇节点的整体增加。城市—区域发展战略导向对大都市区范围内的或是大城市边缘的小城镇发展都具有明显的促进作用,这是因为这一类小城镇具有生活成本更低、环境更为宜人、历史文化丰富等优势,使得小城镇本身的吸引力在逐步提升。但对于远离中心城市、位于边缘地区的小城镇来说,则需要集聚自身资源优势发展城市—区域,并鼓励边缘城镇连入城市—区域网络。

## 3.3.2　德国小城镇发展

### (1)小城镇发展准备阶段(1800—1840 年)

德国城镇化进程较其他国家开始得晚。19 世纪上半期,德国仍处于邦国林立的封建社会时期,国家整体四分五裂,等级僵化。这一时期,德国农村人口数量远多于城市人口,农业产值在国民经济中占有绝对的支配地位。但由于德国农业发展十分不平衡,经济学家施泰因和政治家哈登贝格主张通过立法的方式进行农业改革,为在农业发展资本主义开辟了一条特殊道路,即"普鲁士道路"。农业改革使得德国农村的土地所有制和经营方式发生了改变,农业劳动生产水平得到提高,减少了对劳动力的需求,使得一部分农业剩余劳动力开始向城市及小城镇转移,并成为后期工业革命和城镇化的必要人口。尤其是在东部农业区,农村人口的转移尤为明显,城市与农村的经济发展差距开始逐渐拉大。这使得部分地区的手工业和采矿业得到初步发展,部分城市(如柏林、汉堡、德累斯顿等)的经济得到较快的发展,并开始配备一些必要的城市设施。同时形成一些新的人口聚集据点(如巴门、埃尔伯弗尔德、哈根等),小城镇有所发展,但总体上分布较广。总体上看,在这一阶段,城市与小城镇都得到较大程度的发展,但大城市的增长速率明显大于中小城镇。

### (2)小城镇起步发展阶段(1841—1870年)

19世纪30年代,统治阶级开始意识到分而治之的邦国制度制约着资本主义发展,于是各邦国为扫除相互之间的贸易障碍结成德意志关税联盟,使得德国境内大部分邦国形成了统一的内部市场,从而一定程度上达到经济上的统一。19世纪40年代后期,德国第一次工业革命的迅速展开,极大地推动了德国传统社会经济制度的变革。在这一阶段,德国城镇化的特点是铁路等重工业迅速发展超过其他轻工业的发展,同时带动了其他工业和经济的发展。铁路业成为德国工业化时期的主导产业的原因,一是纺织轻工业受到英国同类产品的冲击,德国贵族被迫签订纺织业不平等条约;二是德国国内的能人志士出于政治、经济等因素的考量。于是,大规模的铁路建设成为城市工业化进程新的增长点。铁路业的发展,对德国经济一体化起到了重要的作用:一方面,进一步推动工业化的进程,促进了经济发展;另一方面,形成巨大的市场需求,促进了人口的流动,并加强了与其他城市之间的联系。工业革命时期的农村剩余劳动力的流动,并不表现为大批"城市贫民"在城市中的聚居,而是工人乘坐火车上下班。劳动力转移以近区流动为主,因此德国没有出现过其他国家在工业革命初期的"城市病"。工业革命的发展极大地提高了生产效率,工业的比重显著上升,德国经济结构发生明显改变。大量农村剩余劳动力进入城市,尤其是在矿物资源丰富、交通便捷的地区,形成了一批新兴的工业城市。

这一阶段,德国整体的城镇化水平并不均衡。由于工业化和城镇化的发展,城市提供了大量就业岗位,吸引更多农村人口前来,促进大城市的进一步发展。新兴的工业区城市逐渐成为工业、商业集中的地区,并随着铁路线、公路向外不断扩展。城市功能逐渐完善,形成工业、商业、服务业等集中,以及人口和产业密集的城镇。但整体上看,大城市的人口增长最为快速,而小城镇发展较为缓慢,主要原因在于,在工业化发展初期,国家的基础设施建设相对滞后,大城市较小城镇拥有交通、技术、资金等方面的优势,同时能提供消耗大量工业品的巨大市场,而中小城镇受到客观发展因素的限制,经济发展较为缓慢。

**(3)小城镇快速发展阶段(1871—1910 年)**

这一时期,德国在时任宰相俾斯麦的带领下,通过 3 次王朝战争,于 1871 年实现了统一。国家的统一,不仅推动了工业革命的持续发展,还为城镇化的发展消除了许多障碍,提供了更为稳定、有利的发展条件。原先的邦国在德国形成不同的政治、经济中心,为德国均衡城镇化的发展提供了良好的基础。同时,德国在第二次工业革命中成为改革的先锋,在技术进步和经济增长等方面居领先地位,并迅速成为欧洲大国。19 世纪末 20 世纪初,德国完成由农业国向工业国的过渡,基本建立现代化大工业。而第二次工业革命启动和工业经济的迅速增长,使德国进入"现代城市化过程的实质性阶段"。这一时期,德国城市人口高速增长,并且开始超过农村人口,成为国家的主体居民。19 世纪 70 年代后,德国两大类城市发展非常迅速:一类是与经济发展联系在一起的专业性城市,如重工业城市;另一类是在 19 世纪 80 年代后,随着高速工业化快速发展起来的一些多功能、商业型和服务型城市,这类城市通常是某一地区的中心都会。

在这一阶段,经济发展主要依靠工业和服务业的贡献,城镇化人口的数量大规模上升。工业化的快速发展带动了产业结构的改变,推动城镇化的全面发展,而工业化、城市化又为农村剩余劳动力转移开辟了道路。到 19 世纪 90 年代,德国城镇化率超过 50%,基本完成了城镇化,开始步入城镇化鼎盛阶段。在这一时期,德国城镇化人口较以前增加了 58%,且大部分依赖于农村人口的流入,增加的人口大都居住在小城镇内。

**(4)小城镇发展停滞阶段(1911—1950 年)**

两次世界大战给德国造成了严重破坏,德国城市大部分被摧毁严重,城镇化进度遭受严重制约。战后,政府积极采取措施恢复经济,并对城市发展予以合理引导,加强公众参与,推动了更高水平城镇化的实现。相较于这一时期世界城市化呈现的城市规模继续集中形成特大、超级城市的特征,德国的城镇化特点是鲜明地走向分散,从而有效应对城市过度集中所带来的问题,在大城市、中小城镇、集镇所吸纳的人口数量上形成"金字塔"形结构。

在这个时期,部分小城镇初具规模,如巴门、埃尔伯弗尔德、勒姆施艾德与哈根等,人口均不超过 1 万人。这一时期,大城市的发展步伐逐渐放缓下来,德国城镇化发展道路由集中转为分散,小城镇发展更为蓬勃。随着大城市的缓慢发展,中小城镇的崛起十分快速,这进一步缩小了城乡差距和地区差距;再加上交通、信息科技的快速发展与广泛应用,大城市与小城镇之间的差别日益缩小。德国城市在规模及空间上逐渐呈现更为均衡与合理的分布和发展。

### (5)小城镇快速发展阶段(1951—2000 年)

二战后,德国经济逐渐恢复,并迅速实现了经济繁荣,同时进入高度城镇化阶段。大城市在发展上趋缓,城镇化发展方向由集中转为分散,小城镇迎来了发展机会。1960 年,联邦德国颁布《联邦建设法》,为构筑以中小城镇为主体的均衡城镇化模式奠定了法治化基础。20 世纪 60 年代,德国开始规划与建设互补共生的区域城市圈,通过核心城市将小城镇有机地组合起来,进行功能分工和互补协作,形成不同的特色主导产业的多中心、高效率的区域城市群体系。这一时期,大城市开始郊区化进程,近郊小城镇得到快速发展。一方面,扩展用地的需求导致众多企业、工业选择布局在近郊和城市建成区外的地区,小城镇的企业解决了 70% 人口的就业问题;另一方面,得益于政府的有效引导,小城镇与城市的公共资源倾向于均等化设置,保证了小城镇的生活质量。同时,发达、连贯的交通网络使得"郊区生活、市区工作"模式得以实现,进一步加快了近郊小城镇的发展。

20 世纪 80 年代,随着区域之间联系的时间成本和经济成本进一步下降,德国中心城市进一步向外扩散,更大范围的小城镇受到中心城市的辐射与带动作用,尤其是距离中心城市较近且位于交通走廊沿线的小城镇获得了更多的发展机会。但从不同区域来看,小城镇的发展呈现不同的特点。东部地区整体经济的衰退,导致小城镇的人口空心化,发展滞缓;而西部发达工业区由于经济快速发展,中心城市与周边小城镇的一体化发展不断加强。1995 年,德国确定了 11 个都市区,以此构成德国发展的核心地区。其中,有三类小城镇获得较大程度的发展:一是大部分位于大都市区以内的小城镇,依托便捷的交通条件、优质的公共服务、低廉的住房价格等优势成为最大的受益者;二是小部分位于都市区边缘,具有快速城铁和高速公路系统,与中心城市联系便捷的小城镇;三是都市区外围具有高品质人居环境和特殊资源等因素的小城镇。

这一阶段,受郊区化进程以及国家政策的影响,各类小城镇得到适度的发展。首先,生活环境优良、成本低廉的中小城镇吸引了大部分的城市外溢产业及人口,即使小城镇往往带有其主导功能,使得小城镇的功能趋于混合,提供优质的公共服务。在空间布局上,大城市近郊区以及交通线路沿线的小城镇得到充分发展,尤其是位于大都市区以内的中小城镇,被认为是结合了居住在核心城市的优势以及到达农村的便捷优势。

### (6)小城镇规模收缩阶段(2001 年至今)

一方面,21 世纪初至今,德国城镇化率稳步提升,越来越多的人开始重新进入城市,尤其是中心城区。这是由于德国各级政府及社区努力复兴中心城区的主动性与积极性,德国政府期望采取更为积极有效的措施来鼓励更多人生活在城市里。但这一阶段的城镇化进程也体现出区域差异:首先是东部地区由衰落而导致的"孤岛效应",在发展没有赶上西部发达地区的情况下,人们"被迫"前往西部城市寻找求学和工作机会,从而导致东部地区持续不断的人口流失;其次,西部工业发达地区,由于产业结构的改革与升级,所需工人的数量也开始下降,而文化和服务业城市的人口数量却呈现增长趋势,表现出当前德国人口移动的倾向;再者,对于南部地区,由于以往的工业郊区化、人口郊区化和服务业郊区化等趋势,中心城区环境逐渐变得宽敞、干净,加上教育因素的影响,使得南部地区中心城市人口增长明显。

另一方面,如今高达 50％的德国城镇都在收缩,甚至严重收缩,且 2/3~3/4 城镇的人口在减少。德国收缩现象的特点是增长与收缩并存。在德国的城镇和社区中,严重收缩城镇和强劲增长城镇的面积接近,但后者人口数却是前者的 6 倍。城镇的增长主要集中在东西部少数几个地区,并且大部分地区已出现收缩的趋势。德国城镇规模与城镇人口密切相关,因此,在小城镇的空间布局上,大城市和中型城市人口流失的城镇比例越来越少,但是大型小城镇、小型小城镇和乡村社区人口流失的城镇比例却越来越多。从小城镇整体情况来看,德国小城镇的收缩现象十分明显,而增长型小城镇主要位于大城市周边紧凑区。而几乎小城镇劳动力数量在 2003 年后都处于收缩状态,即使是大城市周边紧凑区的小城镇,也没能扭转收缩的态势。

因此从总体上看,德国这一阶段的小城镇发展受到多种因素的影响:一方面,在城镇化的政策影响、城镇规模及行政分区等因素的影响下,部分规模较大、位于大城市周边的小城镇处于增长状态,但小城镇和乡村社区收缩严重,其中快速增长型小城镇主要集中分布于慕尼黑及斯图加特地区;另一方面,德国小城镇整体呈现收缩状态。

### 3.3.3　法国小城镇发展

#### (1)小城镇起步发展阶段(1820—1870年)

18世纪末的农地改革使得法国百万级农民脱离对封建贵族的人身依附,拥有了足够温饱的小块土地,成为农村的小资产阶级。这使得法国成为一个小农国家,在食物上自给自足,兴办家庭作坊或小微企业,与城市企业竞争市场。因此,在19世纪前期工业革命初期,法国如其他欧洲国家一样,开始效仿英国开启第一次工业革命进程的时期是以小微企业为绝对主力的,而农村企业乐于以家庭为单位自给自足,使得城市无法得到足够的农村剩余价值,因此远未达到法国工业化的正常要求,使得工业化发展严重滞缓。此后,交通运输业开始变革。在七月王朝时期,法国建成国家级、省级及地方公路,并开凿了运河。到第二帝国时期,城镇化全面展开。政府给予农村道路建设津贴,使得中南部大部分的农村交通开始畅通,在这一时期也修建了大部分铁路的主干线。交通运输的发展打破了地区间的发展桎梏,统一的国内市场开始形成。19世纪30年代之后,工业化迅速发展。1847年,经济危机导致农村企业开始衰落,人口开始大量流入城市,尤其是同省的城市。

从总体上看,19世纪上半叶的工业革命进程并未迅速改变法国的人口结构,农业人口在总人口中仍占据主体地位。与欧洲早期进行工业革命的国家相比,法国的城镇化率远远落后于英国、德国和荷兰等国家。到19世纪60年代,法国基本完成工业化。交通运输业的发展及奥斯曼巴黎改建的示范作用促进了巴黎、马赛、里昂等大城市的城镇化发展。在这一时期,尽管城镇化发展相对滞后,中小城镇的发展相对缓慢,但在工业化与城镇化的作用下,一方面,一些位于工业发达地区的农村逐渐发展成为工业型小城镇,吸纳周边农村地区人口;另一方面,位于大城市附近的乡镇随着中心城市的扩张而得到发展,转变为城郊或工业中心,甚至人口增长速率高于中心城市。大部分农村人口都在有限的地理范围内流动,受雇于乡镇企业或是前往附近市镇,然后以之为跳板进入大城市,寻找更好的工作机会。

### （2）小城镇缓慢发展阶段（1871—1945 年）

普法战争之后,法国赔付德国巨额赔款并割让重要工业区。这不但使得法国丧失了重要的煤矿资源,工业发展受到阻碍,而且以落后小农经济及家庭手工业为主的经济结构,使得法国失去农业市场和经济发展动力。法国第二次工业革命受到严重影响,经济发展的缓慢导致工业化进程落后。因此,到 19 世纪末,工业革命并未彻底改变法国传统的工业结构。法国的土地制度仍以小土地所有制为主,中小企业和传统工业在经济结构中仍占据重要地位,其中纺织业从业人员数量占全体工业人员的 40%。第一次世界大战(简称一战)后,从战场生还的农村劳动力无法继续在已被破坏的耕地上从事农业生产,因此大部分农村人口选择进入条件更为优越的城市,成为现代工业劳动力,这便促进了战后法国工业化新进程。因此,法国经济重建速度很快,到 1931 年基本实现工业化,农业发展也恢复到战前水平。工业的快速发展急需劳动力,而农业机械化生产的推行使得农村就业人口缩减,致使大量农村剩余劳动力进入城市,推进了城镇化的发展。20 世纪 30 年代,法国城镇化率超过 50%,基本实现了城市化。这一阶段,由于工业化发展等原因的桎梏,小城镇的发展明显受限。一战后由于农村劳动力的转移,部分小城镇开始发展起来,但相较前一阶段,小城镇整体仍处于缓慢发展的态势。

### （3）小城镇快速发展阶段（1946—1979 年）

一战后的 30 年时间里,法国基本完成由农村剩余劳动力向城市转移,并且工业化、农业现代化和城市化基本同步进行。1954 年起,为了限制大城市的发展,通过发展中小城市来建立协调的城市网络,法国开始"领土整治"。首先,推行"福特主义"生产模式,对工业布局重新调整,大力发展传统农业地区,并通过税收和补助金引导城市中心产业的外迁;其次,大力发展落后地区产业、加强基础设施建设以及推行农业技术培训,推进地区农业现代化;再者,提出在巴黎等大城市周围建设新型城市,引导人口和产业的外迁,以调整城市布局。

1964 年,法国政府颁布新城政策,提出在巴黎地区及外省一些大城市周边(如里昂)建立新城,以解决城市大规模扩张后产生的一系列经济、社会问题。同一时期提出了"平衡型大都市政策",提出为了遏制人口和经济活动在巴黎的过度集中,建立 8 个"平衡型大城市",以此来与巴黎"相抗衡",并且较为重视在这些区域中心城市及其周边小城市、小城镇之间进行协调投资和规划。1965 年的《巴黎地区国土开发与城市规划指导纲要》提出要建设副中心来缓解城市中心区

43

的矛盾,即布置新城解决城市发展问题,使巴黎的发展进入规划控制的轨道。此后,在巴黎南北两侧共建立5座新城,共同形成一个平行发展的空间走廊,打破了传统的环形集中发展的模式,疏散了巴黎大区的人口。与其他新城不同的是,巴黎新城始终是区域城市空间的组成部分,而不是孤立于现状城市建成区之外的游离部分。其根本目的在于,促进城市建设在半城市化地区集聚发展,以此加强城市化的空间整体性,促进区域的整体发展。

这一阶段,由于战后经济转型的需要,为缩小地区间的差距,法国对区域生产力布局、城镇体系布局及乡村地区的发展等制定了一系列规划。一方面,法国成功转型为现代化工业主导国家,极大地促进了经济的发展,城镇化在这一阶段呈现快速发展的态势;另一方面,由于政策倾向及工业发展需要,小城镇进入快速发展阶段。从城镇体系上看,小城镇和中小城市得到发展,城市结构和布局趋于合理。

**(4)小城镇稳定发展阶段(1980年至今)**

在这一阶段,郊区化、逆城市化现象大量产生,促使了政府关注的重点从城市引导人口流动,逐步转向对于乡村功能和城乡整体布局的新思考。在这一时期,法国经济结构开始转型,传统工业出现衰退趋势,经济的发展使得人们对生活品质提出更高的要求。同时,法律法规的出台开始逐渐引导城镇的空间布局;注重引导服务业和教育设施的均衡化布局;加大了"地方分权"的力度,提出专门针对中等城市和小城市的规划,并且内容着重于提高生活质量。同时20世纪末,法国全面推动的"市镇联合模式",是将多个市镇、村镇联合起来,共同承担发展项目及共享资助,以此来实现居住、就业、公共交通、经济、环境等方面的合作。这一治理模式的出现,能融合多方资源与能力,让多个市镇、村镇共同面对发展建设问题,实现资源、人力等的高效合作。这一阶段,政策导向上使得公共基础设施在小城镇层面得到均衡化配置,同时小城镇拥有城市居民所青睐的良好生活环境,因此小城镇整体呈现稳定发展的状态。

### 3.3.4 美国小城镇发展

**(1)小城镇起步发展阶段(1840年以前)**

殖民地时期,美国农业占据国民经济的主导经济,在南部地区使用奴隶劳动种植一种或少数几种供出口的农作物的大农业组织形式。小城镇主要聚集在东北部海岸地区,且城镇规模较小、数量较少,居民以欧洲白人移民为主。在这一时期,城镇化的主要动力是国际商业贸易往来。东北部港口小城镇具地理因素和自然优势,同时由于早期交通工具与城镇间欠发达的交通网络,人口难以向其他地区迁移,早期大量欧洲移民聚集在东北部海岸地区,利用便捷的海上运输进行国际商业贸易往来。这一阶段的城镇体系,由于受到交通技术的限制,道路系统落后,城镇间的经济网络尚未形成,单个城镇的规模以"步行城市为主",呈现孤立发展的状态。城镇主要沿袭欧洲的城市规划传统,道路呈网格状分布。同时,个别港口小城镇已逐渐发展成为区域经济中心,促进了社会、经济的初步繁荣,并逐渐带动周边小城镇的发展,形成了早期东北海岸城镇群带。

**(2)小城镇特色化发展阶段(1841—1920 年)**

美国在工业化早期,城市主要集中于东北部工业化率先开始的地方。交通方式的变革,带动了人口、产业向西部的迁移。在"运河时代",丰富的水域资源以及水上运输存在价廉、量大和快捷等优势,美国于 19 世纪 40 年代开始大规模开凿运河。运河交通推动了五大湖地区与东北海岸地区的贸易往来,人口开始由东北海岸向五大湖地区迁移,促进了沿岸小城镇的发展。随着资本主义工业的发展,人们急需更为便利的交通方式。19 世纪 60 年代,美国国会通过《太平洋铁路法案》,开始修建由东部地区通往西部地区的铁路网。铁路系统的建设与运营对矿物资源的需求量大幅增加,使得劳动力与工矿企业逐渐向矿物资源丰富的地区流动,推动了大量工矿城镇的产生。尤其是在西部贵金属的发现和开采后,旧金山湾区和科罗拉多州北部派克峰一带出现了很多矿业小城镇。同时特殊政策环境下的"西进运动",促进了西部地区的发展,在一定程度上带动了西部小城镇的散点状集聚。同一时期,美国联邦政府通过《宅地法》,慷慨的土地政策、优惠的移民政策以及便利的交通系统,使得西部地区的小城镇大量涌现。

南北战争结束后,种植园奴隶制废除,南部传统农业区开始工业化和城镇化进程;工业化在五大湖和中西部地区加速发展,形成制造业带。铁路系统的完善,加强了东西部地区间的经济联系。人口及生产要素主要由东北部地区向中西部地区流动,种植园奴隶制度的废除也在一定程度上加快了人口流动。随着工业化的深入发展,由早期以纺织业为代表的轻工业向技术密集型工业及第三产业转变。至 1920 年,美国城镇化率超过 50%,基本完成城镇化。在这一时期,中西部城市大规模兴起,其显著特点是没有遵循从农业至工业再到城市这一模式,而是直接以城市为先导带动西部的全面发展。这一时期,社会开始分化,由于城市中心人口、产业的过度集中,富人阶级开始向城市近郊区迁移,出现郊区化现象。

这一阶段,美国各时期交通运输技术的发展,带动了西部城镇的发展,人口与生产要素迅速往西部地区集聚。不同类型小城镇的数量逐渐增多,并呈现点状分布。小城镇的空间布局由东北部沿海向五大湖地区、中西部地区深入发展。

### (3)小城镇快速发展阶段(1921—1960年)

20世纪20年代,"福特主义"的到来推动了高速公路的全域建设,并随着第二次工业革命的发展,美国正式迈入汽车时代。对于公路建设,政府由过去的间接扶持转为大规模的介入。1956年,美国国会通过《联邦援助公路法案》,提出修建州际公路系统。州际高速公路的建设重塑了当代美国城市结构,并推动了郊区化进程。

一方面,由快速工业化导致的各项问题严重影响城市居民的日常生活;另一方面,流水工作制开始在美国工厂普及,使得工业的发展对土地的需求量增加。战后美国企业趋于大型化,自成体系的同时使得厂商不必集聚于城市核心地区,从而可以转向郊区以及小城镇去寻找更宽阔、更廉价的土地。为解决战后的住房难题,美国自20世纪30年代便开始实行联邦住宅政策改革,通过开发郊区来缓解城市住房问题,并鼓励民众购买、投资新建住宅,使得资本被大量投入郊区,极大地促进了郊区住宅的发展。因此,当大量就业机会随着工厂外迁至郊区,人口也会随之涌入,使得位于大都市郊区的卫星城镇得到良好的发展,涌现大量郊区小城镇。

### (4)小城镇稳定发展阶段(1961年至今)

20世纪60年代,美国开始实施新城镇建设政策。美国联邦政府在1968年通过了关于新城镇开发建设原则的法律——《新城镇开发法》,提出并建设了包括哥伦比亚、乔纳森等在内的美国著名新城镇。之后又批准《住房和社区发展法》,包括了1947年以来建设的63个新城镇。这一时期的新城镇建设,开始尝试建设综合化城镇,也开始关注城市的环境、社会问题,试图打造宜居、平等、高效的理想城镇。而小城镇建设开发时,考虑到区位、交通条件及公众参与性规划,将综合功能作为规划目标并逐步实现,确保了对居民的吸引力和持续的经济活力。在这一时期,美国中小城镇的发展主要是通过对大城市的人口分流来推进的。而随着富裕人口和产业的迁移,商业也开始向郊区及非城市地区分散,极大地拓展了城市空间,并促使具有城市性质的郊区次级中心的形成。这在改变城市空间结构的同时,也促进了城市地区多中心布局的形成。到20世纪80年代,在新城市主义的影响下,针对以往蔓延式和跨越式发展带来的问题,相关建筑师及规划师倡导复兴传统街区模式,包括紧凑社区、方格路网、多样化的住房选择,混合式的土地利用开发,以及倡导绿色交通。新城市主义主要倡导传统阶段发展模式(TND)和公共交通导向的发展模式(TOD)。20 世纪 90 年代,美国一半以上的人口居住在百万人口以上的大都市区内。在这一时期,美国逐渐在城市空间布局上形成层次分明、定位明确、功能互补的城镇体系。

从总体来看,这一阶段小城镇的发展受到政策影响,城镇规模和数量都不断增长。此外,小城镇由于区位因素的不同而呈现不同的特色。多数小城镇位于大城市的周边或位于大城市的辐射范围内,因而会与大城市相互作用,从而形成大都市区,而偏远地带的小城镇则依托自身优势形成特色小城镇。小城镇的发展总体上逐渐形成有机的城镇体系。而小城镇的发展建设较少受到外界的干扰,主要依靠市场的力量推动,而非由政府推动。

## 3.4　国内外小城镇人居环境建设情况

### 3.4.1　国内小城镇人居环境

#### (1)人居环境释义

我国学者吴良镛于 1993 年基于道萨迪亚斯的"人类聚居学"理论创立"人居环境科学"。2001 年,《人居环境科学导论》正式出版,建构了人居环境学术框架,对人居环境的研究具有里程碑的意义。人居环境由人居硬环境和人居软环境组成,人居硬环境包括居住条件、基础设施、公共设施和景观生态环境等部分,以居民行为活动为载体的各种物质设施的综合。人居软环境指人居社会环境,包括邻里关系、社会秩序、安全和归属感等,逐渐形成的社区人文环境。人居环境的定义有广义和狭义之分,广义的小城镇人居环境包括一切与小城镇相关的物质和非物质的综合,狭义的小城镇人居环境是小城镇居民在日常生活场所中居民活动的体验。

#### (2)小城镇人居环境

小城镇人居环境的研究主要集中在整治路径、影响因素和评价体系等方面。在整治路径、影响因素方面,何兴华在展望小城镇规划前景时,认为今后应促进小城镇人居环境科学的研究和总结小城镇聚居发生发展的一般规律。陈秉钊通过对上海市 13 个重点镇的调查研究,认为小城镇人居环境可持续发展需建立在构建科学、合理的城镇体系基础上,而农业现代化和城镇化是提高人居环境的关键,完善城乡结构是改善人居环境的载体。在评价体系方面,宁越敏对上海市 3 个郊区镇进行研究,在评价案例的人居环境的基础上,总结了小城镇人居环境发展特征,并根据当地的实际情况建立了小城镇主观评价指标体系,通过问卷进行满意度调查,在评价方法上进行探索。叶耀先结合我国国情提出人居环境 6 层塔理论模型,倡导小城镇建设朝着区域协调层面发展。程立诺、王宝刚根据小城镇的具体特点,对评价指标体系的建设原则、内容进行了研究和总结并建立指标体系,包含小城镇人居环境的主要方面。

### 3.4.2　国外小城镇人居环境发展

人居环境研究开始于城市规划学,国外人居环境研究大致归纳为城市规划学派、人类聚居学派、地理学派和生态学派。

国外关于人居环境的研究开始于城市规划学。19 世纪末 20 世纪初,霍华德、盖迪斯、芒福德等是最初研究人居环境的学者。道萨迪亚斯强调把包括乡村、城镇、城市等在内的所有人类住区作为一个整体。1950 年,道萨迪亚斯创办了"雅典人类聚居学研究中心";1955 年,《人类聚居学》(*Ekistics*)杂志创办;1963 年,人居环境问题的国际讨论会——台劳斯会议召开;1965 年,世界第一个以"人居环境"为研究对象的学术团体成立。20 世纪下半叶,人居环境逐渐发展成为一门综合性学科,20 世纪 70 年代研究比较活跃。地理学派的人居环境研究核心是人地关系,人居环境是人地关系最基本的连接点,代表学者如杜能的农业区位论研究了居住空间结构形成的机制。生态学派以生态学家杨提斯为核心,在 1987 年提出了"生态城市"模式,认为生态城市有着高效、和谐的居住环境。到目前为止,人居环境在国外的研究比较成熟,其他学派对人居环境也有一些研究,比如新古典学派、行为学派,主要研究人们居住空间结构形成,以及人们在选择住房时的行为表现。

1978 年,由于居住环境严重污染,联合国人居中心随之成立。1985 年,第四十届联大一致通过决议,将每年 10 月第一个星期一设为"世界人居日",并且每年设定一个主题,目的是思考城镇的状况,铭记人人享有适当住房的基本权利。同时,此举也是为了提醒世界关注对人类未来的生存环境所担负的集体责任。每年,世界人居日都会采用一个全新的主题,旨在通过支持可持续发展政策来为所有人提供充足的居住场地与庇护所,每年的世界人居日都会重点关注人类住区状况。其中,2022 年的主题是"关注差距,不让一人一地掉队",聚焦于全球各地日益扩大的生活条件不平等问题。这意味着要让城市为妇女和儿童服务,缩小现有的贫富差距、城市和乡村地区内部及其之间的差距、发达区域和发展中区域内部及其之间的差距。包容、安全、有韧性和可持续的城市和人类住区至关重要,而地方行动则是关键。城市、城镇和社区可以带头采取创新解决方案来解决,包括推行以人为本的政策、促进可持续的消费和生产模式以及优先考虑绿色和有韧性的基础设施。还有其他主题如平等问题、确保人人有适当住房、应对气候危机、推动从疫情中实现绿色和包容性复苏等。从每年的世界人居日主题可以看出人居环境的现状和人居环境发展的趋势(见表 3-4)。

表 3-4　世界人居日主题

| 年份 | 主题 | 年份 | 主题 |
|---|---|---|---|
| 1986 | 住房是我的权利 | 2005 | 千年发展目标与城市 |
| 1987 | 为无家可归者提供住房和社区 | 2006 | 城市——希望之乡 |
| 1988 | 住房和社区 | 2007 | 安全的城市,公正的城市 |
| 1989 | 住房、健康与家庭 | 2008 | 和谐城市 |
| 1990 | 住房与城市化 | 2009 | 我们城市的未来规划 |
| 1991 | 住房和居住环境 | 2010 | 城市,让生活更美好 |
| 1992 | 住房和居住环境 | 2011 | 城市与气候变化 |
| 1993 | 持续发展住房 | 2012 | 改变城市,创造机遇 |
| 1994 | 妇女与住房发展 | 2013 | 城市交通 |
| 1995 | 住房与家庭 | 2014 | 来自贫民窟的声音 |
| 1996 | 住房——邻里关系 | 2015 | 人人享有公共空间 |
| 1997 | 城市化、公民的权力与义务和人类团结 | 2016 | 以住房为中心 |
| 1998 | 未来的城市 | 2017 | 可负担的住房 |
| 1999 | 更安全的城市 | 2018 | 城市固体废物管理 |
| 2000 | 人人共有的城市 | 2019 | 作为变废为宝创新工具的前沿技术 |
| 2001 | 妇女参与城市管理 | 2020 | 人人享有住房 |
| 2002 | 没有贫民窟的城市 | 2021 | 加快城市行动,构建无碳世界 |
| 2003 | 城市、水、环境卫生 | 2022 | 关注差距,不让一人一地掉队 |
| 2004 | 城市——农村发展的动力 |  |  |

### 3.4.2.1 日韩小城镇人居环境建设

#### (一)日本的小城镇人居环境建设

##### (1)小城镇起步发展阶段(二战后—1960年)

二战后,村民收入平均水平低、基础配套设施落后等社会问题引起日本政府高度重视,时任内阁农林大臣河野一郎根据现状提出推进新乡村建设的总体构想,扩大村镇土地规模经营,将部分村镇土地进行规模合并。1952年颁布的《农地法》允许村民将自己的土地进行出租和产权买卖,这一系列的措施大大激发了许多农户的种地积极性。1956年,政府开始实施新乡村建设,并加强资金扶持力度,通过探索推动个体农户参与经营主体联合、建立全国乡村经济振兴农业协议会,并研究制定乡村相关发展规划等具体而微的经济行动,加大对促进乡村农业发展的政策扶持引导力度,设立专门的农业银行向农村提供基本农业贷款。这一时期的日本乡村人居环境建设,改善了乡村的公共配套设施与基础设施。

##### (2)小城镇快速发展阶段(1961—1980年)

这一阶段日本的小城镇注重着力改善村民生产、生活居住条件,提升农业生产效率,促进了广大村民的参与积极性。小城镇人居环境建设改善了村容村貌,提升了村民收入水平,加快了乡村农业现代化建设的步伐。1962年再次修订《农地法》,确立农业协同组合(简称农协)制度。农协将农产品进行集中销售,为农户提供便利,并且防止中间商剥夺农户的利润,提高了日本村民收入。之后,日本制定相关经济、社会发展计划:在乡村经济建设工作方面,注重推进农田水利的建设,完善基础设施配套项目建设;在着力改善广大乡村人民生活居住环境条件方面,提出把乡村建成一个具有独特魅力的舒畅乡村生活空间区,提升广大村民居住生活条件,保护良好乡村自然环境,大力扶持教育、医疗等社会保障制度,解决村民就业问题。日本推行的"一村一品"运动的目标是因地制宜地开发特色农产品,发挥特色优势、振兴乡村经济,是指在政府产业引导和政策扶持下,实施的以一个行政区和一个地方区域特色的农产品发展为主要基础的具有区域特色经济社会发展扶持政策。它依托乡村的特殊自然环境条件及自身独特的资源优势大力发展乡村集体经济,培育乡村产业基地。

20世纪50年代后期至70年代中期是日本城市大发展时期,乡村人口大量流向大城市,小城镇没有发展,反而萎缩。20世纪70年代后期,政府开始建设乡村的基础设施。至 20 世纪 80 年代,日本全国村镇的基础设施水平已和城市基本持平,政府鼓励人们返乡工作。

合掌村拥有"日本最美乡村"称号,在日本"造村运动"开始时,主张"从生长的地方寻求文化根源",结合当地的自身资源、已有条件进行人居环境建设。基于这样的前提,当地提出"一村一品"的建设模式。首先,严格控制村宅建筑形式,保持统一的乡村风貌。农旅双链发展模式为合掌村的经济发展奠定了基础。其次,注重保护传统建筑。鉴于传统建筑面临消失的危险,当地政府对它们进行集中保护,注重对传统生活场景的保护。村民自发成立"白川乡合掌村集落自然保护协会",制定了《住民宪法》《景观保护基准》等保护村庄风貌。最后,以保护当地的生态环境为前提,开发旅游资源,提升当地村民收入。针对乡村空屋景观进行"合掌造民家园"的整体景观规划方案设计,使之成为一个展现当地历史文化的乡村民俗艺术博物馆;旅游区的开发不能直接影响乡村农业旅游发展,因此形成一个农业旅游生产+乡村旅游观光的发展模式,因地制宜,就地消化农产品。

### (3)小城镇成熟发展阶段(1981 年至今)

2000 年以后,日本小城镇发展逐渐成熟。在这一时期,日本小城镇的人居环境建设更加注重对产业的发展及相关政策的扶持。对于生态环境,日本的小城镇人居环境体系建设主要体现有 4 个主体参与方,即城镇村民活动主体(组织主导)、政府部门(政策支持)、专业技术团队(提出建议)和村民组织协调机构(共同协调)。在日本的小城镇人居环境体系建设发展过程中,村民集体拥有重要的主导力和自我意识,而政府部门是其建设项目的决策支持者、建议者和决策协调者。

### (二)韩国的小城镇人居环境建设

### (1)小城镇快速发展阶段(1970—1980 年)

在小城镇快速发展阶段,韩国的人居环境建设逐步展开。1970 年,韩国"新村运动"强调重点完善基础设施,兴建桥梁和道路。实施关于生态环境、住房条件改善及公共设施建设的优惠政策,包括大规模修建城市供水系统、改造城市排污处理系统、规模维修老旧房屋和街道重建老旧村庄、规模扩张修建乡村公用电网和城市通信网等。针对乡村污水治理,结合村民日常居住分散的特点,以及部分地区地形较复杂,对当地的农田沟渠进行改造,使之成为处理污水的湿地。村民将生活污水集中处理后再排放。经过处理后的水可以用来浇灌农田,使乡村水资源得到充分利用,并有效地解决一部分地区村民生活社区污水集中排放不足的问题。这些治理措施大大改善了小城镇人居生活环境的基本面貌,激发了村民积极自主发展建设小康新乡村的劳动创造性、积极性和工作主动性。

在韩国乡村人居环境建设中,甘川村以韩国"新村运动"为契机。为解决老龄化和房屋大量空置问题,甘川村以村民为主体、政府扶持为主要形式进行村庄改造。对于乡村的建设,主要着眼于基础设施建设、产业发展建设、福利保障机制建设、教育建设等方面。以独特的彩绘改造村宅建筑外立面,打造独具特色的乡村风貌民宿,以吸引艺术家团体入驻,促进当地艺术氛围的营造,使杂乱的乡村建筑整体布局结构实现完美统一,视觉重心真正落在彩绘画面的建筑整体上,而非落于建筑细节上,引导广大游客从一个上帝与人俯视的不同视角上观察整体,从而真正实现建筑彩绘与乡村的整体形象的美化升级。对整条街巷轮廓进行立体设计,通过主街色彩文化艺术装置梳理,以突出游客路线;通过色彩艺术装置,以色彩点线和串线形式引导城市人流集中在整条主街;通过制作彩色字和鱼形箭头的路标,将蜿蜒的大街小巷与整条主街完美串联起来,使彩绘的元素融入整个村庄。

### (2)小城镇稳定发展阶段(1981 年至今)

20 世纪 80 年代开始转变为民间主导下的"新村运动"建设分为国民自发运动和自我发展阶段,政府提供政策、财政、技术支持以进一步强化乡村人居环境,鼓励村民乡村发展的多元化。后期"新村运动"的自我发展阶段表现为政府机构职能弱化,村民自组织机构的职能加强。

### 3.4.2.2 欧美国家的小城镇人居环境建设

欧美国家小城镇人居环境建设在每个阶段都有不同的表现特征。尤其是二战之后,小城镇人居环境建设进入高潮,其建设成就主要集中体现在完善基础设施、振兴产业、完善相关政策和法律,以及注重对生态环境的保护等方面。

### (一)英国的小城镇人居环境建设

### (1)小城镇发展相对复苏阶段(1890—1945 年)

这一时期,英国特别注重卫星城和村镇群的可持续发展。1944 年,阿伯克隆比的大伦敦规划在周边建立 8 个卫星城市,以此促进城乡融合、缓解城市人口聚集的压力。经过不断的建设和发展,该地区基础设施配套完备,靠近就业和劳动力集中的场所,小城镇基础配套设施逐渐完善。从城区整体居住生态环境合理条件、设施配套和城市公共交通网络运输管理方式 3 个角度来看,这类属于产业化的新城都市区应当具有良好的人居环境,并且十分符合国家促进可持续发展的相关政策文件的要求。

**(2)小城镇快速发展阶段(1946—1970 年)**

英国第三代国际新城建设也称"新城运动"。英国政府在工业革命之后,为解决英国城市恶性膨胀问题而进行合理的城市规划建设。其理论基础受霍华德的田园城市理论影响。不同历史阶段的英国新城建设具有各自的明显特征。人居环境建设的典型代表就是英国第三代国际新城,即当时位于英格兰中部的米尔顿凯恩斯。其在 20 世纪 80 年代前期曾是一个普通的小城镇,现已经发展成为英国县域经济发展重镇,还是英国现代城镇规划建设的成功经验典范。米尔顿镇在规划建设之初就仔细考虑涉及城镇建设和城市居民日常生活的各个方面。新城的开发与市区原有的 3 个中心小镇社区改造有机结合,其中的街道分为 3 个车道,各种交通车辆各行其道,市内外交通井然有序。米尔顿镇从建立小镇开始就非常重视环保,注意不断创新增加其绿色生活空间。公园的总占地面积超过英国城市总建筑用地面积的 1/6,即使是大型购物娱乐中心也拥有精致的花园。各种自然生态公园和人造天然湖泊为城镇居民生活提供了重要的休闲娱乐区和休闲活动场所。因此,米尔顿镇被世人称为"绿色之城",其良好的公园环境吸引了大量的外来者和移民。

**(3)小城镇稳定发展阶段(1971 年至今)**

1971 年以来,英国小城镇发展进入稳定阶段,重视人居环境建设的可持续发展。2000 年末,英国政府环境、交通与农业区域资源部在《千年纪村镇与可持续化》工作报告中较系统性地介绍了"创建可持续发展人居住区"的 8 项环境评价衡量标准,主要涉及自然资源节约消耗、环境资源保护、社会公平、公共资源参与和政府决策、经济与社会活动、居民综合评价等多个重要方面,用于指导人居环境实践。

**(二)德国的小城镇人居环境建设**

**(1)小城镇发展停滞阶段(1910—1950 年)**

1910—1950 年,德国城镇处于发展停滞阶段,小城镇的人居环境在这一阶段开始有了初步的研究。德国非常注重保护环境,是环境保护的"第一大国"。德国在开发与建设村镇时,绝不会以牺牲环境为代价,在村镇环境保护建设方面也有着明确的政策规定:"任何项目的建设都要保证绿地总量的平衡,决不允许未经处理的污水排放。"50 人以上的村庄必须进行污水处理,乡镇政府所在地一般都要建有污水处理厂。为了不断提高村镇全体居民的日常生活舒适度,德国政府制定实施了多项村镇基础配套设施和村镇社会公共服务设施项目的相关政策,改造村镇的日常居住生活环境,注重村镇基础配套设施和村镇社会公共服务设施项目建设,实施严格的改善村镇环境建设项目审批,在促进村镇经济建设发展过程中注重村镇环境设施建设,积极鼓励社会公众积极参与改善村镇环境建设。

### (2)小城镇快速发展阶段(1951—2000 年)

在小城镇处于快速发展阶段,德国在小城镇人居环境建设时重视可持续住区建设和基础设施及公共设施改善。开展村庄更新,重点集中在新村建设、农房整修以及维护和完善乡村基础设施等方面,并注重乡村生态系统保育。德国经历二战之后进行大规模的城市住宅用地重建工作。第一阶段主要强调住宅数量的不断增加,第二、三阶段强调住宅的建筑质量和生活环境,建设配套公共服务设施。20 世纪 90 年代,德国政府开始积极推行适应城市生态环境的新型住宅小区政策,贯彻可持续发展战略,主要包括:特别强调城市内发展,挖掘和保护市镇中富有价值和吸引力的地区,必须以保护生态环境、恢复当地自然生态作为城镇建设的重要目标,鼓励发展适合当地的公共交通工具。

德国欧豪村在人居环境建设方面注重推进乡村生态绿色经济发展,规划人与自然和谐、健康共生、绿色发展的生态新格局。乡村景观回归自然,配套草坪地面、透水的地砖、水泥的硬质铺装以增加透水性,还能活化水资源及涵养地下水源。乡村周边地区的大型海绵隧道设计缩窄两边道路、两侧河道建遮荫绿带,以有效吸收留在地表上的径流。道路变窄后,车速下降,出行更加安全,也消除了噪声的危害。在村宅外部将多种绿色植物做成盆栽、灌木围篱,并结合绿化,营造自然乡村景观。如今不再需要加入各种绿色落叶松和灌木,原先种松树的区域种上了一些果树,但同时尽量保留了一些具有象征德国传统精神的百年老树和高山橡树,兼容并蓄。

### (3)小城镇规模收缩阶段(2001 年至今)

21 世纪初至今,德国城镇化率稳步提升,小城镇人居环境建设融入了可持续发展的理念,开始关注生态、文化、旅游的建设,重视能源的使用,以及可再生能源的利用。

德国首都柏林西南方约 60 千米处有一座小村庄——费尔德海姆。这里地广人稀,常住人口仅有 130 人左右,实现了能源全部自给,从而成为德国能源革命的标杆和世界能源变革的经典案例,吸引很多人前来参观,学习借鉴经验。德国唯一拥有电网的村庄——费尔德海姆村依靠风能、生物质能作为电源和热源,通过区域电网和热网进行输配,以及锂电池储能系统进行平衡,融合最先进的风、生物质电热生产及输配的系统,不仅实现了村落所有电力和暖气等能源需求都由当地再生资源生产自给,还通过电网为周边数以万计的家庭提供了绿色可再生能源。坐落在费尔德海姆村的风力机组总数达到 55 座,甚至比村中民房还多,产生的电能足够供应附近 65000 户家庭使用。同时,风电网与 10 兆瓦的储能系统连接,在风力不够的情况下,储能器可以释放电能进行平衡,以保证电网的安全运行。

近年来,德国政府制定了可再生能源发展计划,提出近期要通过风能、太阳能等可再生能源,满足国家 1/3 的电力需求。小村庄费尔德海姆的兴起,正是顺应了低碳生态发展的潮流趋势,也是对德国政府新能源计划的积极回应。

### (三)法国的小城镇人居环境建设

#### (1)小城镇快速发展阶段(1946—20 世纪 70 年代)

在小城镇起步发展阶段,法国小城镇的人居环境建设更加注重保护生态环境。1962 年,法国掀起轰轰烈烈的绿色革命规划运动,并开始组织进行许多有关自然植被、森林以及现代城市中的绿色建筑空间设计的研究规划。这一总体计划措施促使 1965 年巴黎区域总体规划进行了多次调整和修编,特别明确提出合理配置保护与充分利用西南区域自然资源的重大问题。在这一规划的原则性指导下,1965 年,巴黎 5 个地区分别制定了包括整个城市立体绿色信息空间、自然环境、乡村绿色空间和水环境在内的 5 个区域性城市绿色系统结构总体规划。多年来,这些政策举措在自然生态环境平衡中发挥了重要作用。20 世纪 70 年代后期到 80 年代初期,法国正式启动"乡村整治规划",旨在积极推动法国乡村农业经济快速发展,逐步优化乡村生产设备和保护乡村生态环境;通过建设新城以疏解大城市人口压力,并着眼于乡村地区的产业发展。

#### (2)小城镇稳定发展阶段(20 世纪 80 年代至今)

20 世纪 80 年代以来,法国乡村在关注自然、人文景观的同时,尤为重视乡村特色产业的保护和发展,并将此视为实现乡村复兴计划的重要推手。

20世纪90年代中期,法国城镇化率已经达到80%,提出了要加快建立"乡村复苏规划区"的乡村分区规划,共划为优秀乡村中心、乡村复兴区和大区自然公园三类,分别采用不同的政策措施。同时,法国推行乡村分区规划政策、农业减税优惠奖励政策,通过改善乡村基础配套设施和公共服务配套设施,鼓励人们留在乡村工作,阻止乡村农业劳动人口的快速减少。同时,法国通过乡村环境的整体塑造与农产品的地理标志系统相结合,造就了"葡萄酒神话",为推动乡村经济发展与繁荣起到了极大的推进作用。

法国在建设"没有郊区的新城"时引入大量农业生态景观,把农田绿地建设成绿地景观,引入城内和工业城市周围,使工业城区的农田绿地和露出水面的大面积绿地比例大幅提高,并将农田景观作为工业城市与乡村城市之间的天然隔离带。对于保护农业的工作者给予多元化的补贴。如巴黎政府出资购买乡村土地并修建乡村基础配套设施,然后以较低廉的价格将其卖给农业技术工作者;对长期从事现代农业的乡村年轻人则给予一次性就业补贴。

2005年以来,法国提出"卓越乡村"复兴计划,引导乡村加快建设具有本地特色的、高品质的产业,提高乡村地区的发展活力,满足当地人们和外来观光游客的日常生活、就业、休闲等多种需求。在这一系列优惠政策的积极引导下,法国乡村的经济产业结构逐步呈现新的生态农业、对生态环境压力较小的现代工业以及现代服务业相结合的发展特点。乡村主体经济、社会功能逐步得到拓展,不仅为其提供了大量就业,也大大提升了整个乡村的收入,使整个乡村更加繁荣及富有社会吸引力。与城镇居民群众日常生活息息相关的公共服务业提供了50%的农业乡村和城镇的就业岗位。同时,高品质的乡间民宿越来越吸引人们前来体验,成为法国乡村复兴的标志之一。

### (四)美国的小城镇人居环境建设

#### (1)小城镇快速发展阶段(1921—1960年)

在这一时期,美国在小城镇人居环境建设方面注重完善基础设施,但是缺乏对生态环境的重视。沿道路两边建房,虽然交通便利,但是破坏了原有生态。20世纪50年代初期,欧美国家政府开始积极推动生态村的规划建设,以保护尊重自然环境为基本发展原则规划生态乡村,积极推进乡村基础配套设施项目建设发展,并先后取得显著的发展成效。重视交通运输的修复,让乡村与外部联系更加方便,从而促进了城乡融合,加速了美国乡村国民经济与社会发展。由于美国具有完备的基础设施,城乡收入差距逐渐缩小,几乎一半的美国人居住在村镇,实现了美国城乡经济一体化,且尤其强调实现可持续发展。

### (2)小城镇平稳发展阶段(1961 年至今)

在这一时期,美国人逐渐认识到恶劣环境影响人们的身心健康。20 世纪 60 年代,美国群众开始关注人居环境,并强烈批评地方政府和城市规划师,导致美国人居生活环境及其生活空间出现巨大变革,由此掀起人居环境研究高潮。从此时开始,美国在研究人居环境方面也一直处于西方世界的研究前列。1993 年,美国制定的《可持续发展设计指导原则》明确界定了农业有关自然资源、文化艺术资源、基地实施设计、能源综合利用、供水及工业废物综合处理等各方面农业可持续发展的基本含义,极力推动健康社区的建设。

# 第4章 小城镇的多维发展特征分析

## 4.1 小城镇的行政区划和分化发展特征

### 4.1.1 浙江省镇级行政区划情况

截至 2020 年底,浙江省的地域范围包括街道、建制镇、乡共 1365 个(见表 4-1)。其中,街道 488 个,建制镇 618 个,户籍人口 2439.52 万人,常住人口 2323.21 万人;乡 259 个,户籍人口 286.24 万人,常住人口 166.44 万人。

表 4-1  2020 年浙江省各级行政区划单元数量统计表

单位:个

| 地级市 | 区、县级市、县的数量 | | | 街道、建制镇、乡的数量 | | |
|---|---|---|---|---|---|---|
| | 区 | 县级市 | 县(自治县) | 街道 | 建制镇 | 乡 |
| 杭州市 | 10 | 1 | 2 | 93 | 75 | 23 |
| 宁波市 | 6 | 2 | 2 | 73 | 73 | 10 |
| 温州市 | 4 | 3 | 5 | 67 | 92 | 26 |
| 嘉兴市 | 2 | 3 | 2 | 30 | 42 | 0 |
| 湖州市 | 2 | 0 | 3 | 28 | 38 | 6 |
| 绍兴市 | 3 | 2 | 1 | 47 | 49 | 7 |
| 金华市 | 2 | 4 | 3 | 42 | 74 | 31 |
| 衢州市 | 2 | 1 | 3 | 18 | 43 | 39 |
| 舟山市 | 2 | 0 | 2 | 14 | 17 | 5 |
| 台州市 | 3 | 3 | 3 | 45 | 61 | 24 |

续表

| 地级市 | 区、县级市、县的数量 | | | 街道、建制镇、乡的数量 | | |
|---|---|---|---|---|---|---|
| | 区 | 县级市 | 县(自治县) | 街道 | 建制镇 | 乡 |
| 丽水市 | 1 | 1 | 7 | 31 | 54 | 88 |
| 总计 | 37 | 20 | 33 | 488 | 618 | 259 |

注:行政区划情况、户籍人口及常住人口以 2020 年底的行政区划情况为准统计,其中户籍人口数据来自《中国县域统计年鉴 2021(乡镇卷)》,常住人口数据来自第七次全国人口普查。

　　浙江省的街道单元主要分布于各个地级市以及县级行政单元的中心城区,以杭州、宁波和温州的街道单元比重较高,衢州、金华和丽水的街道单元比重较低。除杭州、丽水外,其他各地级市均以建制镇单元的比重最高。除嘉兴外,其他各个地级市均有乡,且省域内乡多分布于浙中、浙西南地区,衢州、丽水的乡单元的比重较高(见表 4-2、图 4-1)。

表 4-2　2020 年浙江省各地级市镇、乡人口统计表

单位:万人

| 地级市 | 建制镇 | | 乡 | |
|---|---|---|---|---|
| | 户籍人口 | 常住人口 | 户籍人口 | 常住人口 |
| 杭州市 | 260.83 | 222.79 | 25.92 | 13.73 |
| 宁波市 | 273.64 | 378.35 | 21.36 | 11.45 |
| 温州市 | 486.30 | 356.25 | 37.08 | 19.42 |
| 嘉兴市 | 210.30 | 259.99 | 0.00 | 0.00 |
| 湖州市 | 162.87 | 153.57 | 8.55 | 5.96 |
| 绍兴市 | 167.70 | 169.28 | 10.69 | 10.80 |
| 金华市 | 250.24 | 279.94 | 35.92 | 25.19 |
| 衢州市 | 139.69 | 100.02 | 52.41 | 30.87 |
| 舟山市 | 41.34 | 27.23 | 2.97 | 2.44 |
| 台州市 | 340.74 | 301.16 | 29.17 | 12.71 |
| 丽水市 | 105.86 | 74.63 | 74.27 | 33.87 |
| 总计 | 2439.52 | 2323.21 | 298.34 | 166.44 |

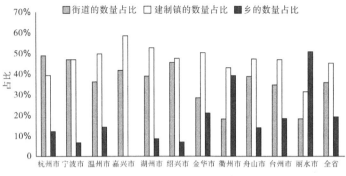

图 4-1　2020 年浙江省各级行政区划单元数量分析图

## 4.1.2　浙江省小城镇的类型划分和分化发展特征

浙江省小城镇的发展具有多元化、综合性的复杂特征。在省域的空间分布上，以经济空间结构的中心区为核心集聚发展，并沿交通走廊连绵延伸，即与四大都市区和省域骨干交通走廊的空间走向相吻合。大多数远离都市区的城镇空间分布相对离散，受交通通道和县域发展的影响较大。

由于浙江省域城镇单元数量众多，纯粹基于定量分析的城镇分类方法难以得到合理的分类结果。为达到相似城镇归类并有效反映共性特征的目的，研究以定量分析的结论为基础，综合考虑小城镇的区位特征、发展水平和自身特色，提出了都市节点型、县域副中心型、特色型和一般型 4 种小城镇的类型划分。归类小城镇的范围包括建制镇和乡集镇；独立于城区的街道由于生产、生活及管理方式与乡镇类似，参照执行。

### (1)都市节点型小城镇

都市节点型小城镇以分散式的簇群状分布为主，基本位于省域四大都市区和大湾区大花园大通道范围以及省域中心城市周边，发展基础良好，辐射带动能力较强，有条件发展成为卫星城市或小城市，能够更好地承担起疏解都市区人口、产业、功能等压力的作用；具有显著的区位、交通和市场资源优势，以及一定的发展基础和带动能力，可通过自身优势资源和带动型产业促进小城镇的发展，能够更好地发挥疏解中心城区功能、促进中心城市高质量发展的作用。都市节点型小城镇与都市区核心区或中心城市核心区在"1 小时交通圈"内，产业特色鲜明，具有一种或几种特色产业功能；城镇功能完备，承接都市区或中心城市基础设施和公共服务设施辐射，水、电、气、网络、国际学校、职业院校等高等级教育设施入驻，开展国际或国内赛事、会议等；城镇管理水平向城市看齐，城镇建成区内按照城市管理模式开展管理,建成区居住小区化、管理社区化、建设智慧化的城市管理设施,深入推动"四个平台"的建设下沉,打造具有功能承载力、辐射带动力和综合支撑力的都市节点型小城镇。

**(2)县域副中心型小城镇**

县域副中心型小城镇在城镇发展基础、区位与交通可达性、特色资源上具有优势,空间上呈点状分布特征,并在部分地区呈现小规模集聚的簇群式发展;主要位于区县内,具有一定的综合承载力、能够承担县级副中心的功能,或具有较强的特色优势资源,能够更好地提供就业支撑、促进就地就近城镇化、带动乡村振兴,加快形成"一城数镇"的县域城市化格局。县域副中心型小城镇与高铁站、轨道交通站或高速路口、县城在"30分钟交通圈"内,具有一定的产业发展基础;城镇水、电、气、网络、通信等功能设施完备;具有较强的城镇服务功能,品牌超市、电影院、幼儿园、小学、中学、卫生院、养老院等服务设施齐全;具有城镇公园、广场、绿道、滨水空间等优质的环境设施;是县域范围内具有较强辐射带动效应与综合支撑能力的小城镇。

**(3)特色型小城镇**

特色型小城镇具有历史文化、区位、产业、风貌等一方面或几方面的特色,以及一定的辐射带动能力,能够通过特色化发展辐射带动乡村地区发展的小城镇;与自然景观和人文资源、城镇特色产业有密切相关性,在区域空间上呈现较为离散的分布特征。特色型小城镇具有特殊的资源禀赋或特色产业基础,特色鲜明,知名度高,发展潜力大,具有较强的区域影响力和对广大农村地区的辐射带动力,可承担大花园建设的旅游服务、交通换乘和应急救援等功能,又可以进一步划分为文旅类、商贸类、特色工业类和特色农业类等类型。

**(4)一般型小城镇**

一般型小城镇具有为周边乡村提供公共服务的基本功能,承担基层管理职能的城镇。一般型小城镇在各个评价指标上都不存在显著优势,在空间上呈片状分布,在省域各个片区都有分布。一般型小城镇与县市中心距离较远,交通环境较弱,尚难以接受外部高层次的经济社会辐射。但自然生态环境和地域乡土文化是一般型小城镇可持续发展的核心竞争力的重要保障。

## 4.2　小城镇空间结构的发展特征

### 4.2.1　浙江省域城镇空间结构特征

#### (1)人口空间结构

浙江省小城镇的人口空间结构呈现较为显著的聚类特征,但其聚集度比经济空间结构略低。从规模分级看,省域小城镇的首位度较高,城镇人口规模分布相对集中,越大规模的城镇,其规模效应越明显;而中小型城镇发展尤其不足,城镇体系不完善。把浙江省小城镇人口规模合理划分为 5 个等级,可见浙江省省域城镇数量的分布呈现规模上的不均衡性,单个城镇人口规模越大,小城镇数量下降越快。

从空间分布看,小城镇建成区的人口分布呈现"分化布局"的特征,小城镇建成区的人口密度分布呈现"整体平均,中心突出"的态势。省域城镇人口空间结构的分化布局与城镇经济空间特征的分布具有较高的一致性,四大都市区、各地级市的中心区体现出较强的人口吸纳力。浙东北、浙东南相较于浙西地区,无论在城镇体系发育还是在人口吸纳力上,都存在明显的差距。

#### (2)经济空间结构

小城镇在浙江经济中具有举足轻重的地位,以小城镇发展驱动区域经济发展是浙江经济的鲜明特色。浙江省的小城镇在区域空间分布上呈现以经济高度集聚为特征的显著聚类特征。省域城镇经济空间发展的区域分化十分明显,浙东北环杭州湾和浙东靠海地区发展较快且具有较强的规模效应,体现出明显的极化特征;浙西地区发展缓慢,尚不能形成较强的集聚效应和规模效应。省域内片区间城镇空间结构的差异体现了城镇系统组织演化的层级性和阶段性。沿海沿湾地区的"热点区域"城镇群已形成集聚发展的态势并已形成一定的规模效应,城镇群发育更加完善,小城镇规模较大,如浙东北环杭州湾地区。内陆地区的"冷点区域"的城镇整体发展层级较低,城镇规模小、数量多、分布广,但分布零散,且尚未形成能发挥带动作用的核心城镇,如浙西南衢州、丽水整个市域以及台州西部的城镇群。

## 4.2.2　浙江省城镇空间结构影响因子

地理加权回归(GWR)模型的分析结果显示,区域小城镇经济空间结构受 3
个有效因子影响,影响因子由强至弱为人口综合、消费能力、地域综合(负相关)。
区域小城镇人口空间结构受 5 个有效因子影响,影响因子由强至弱为消费能力、
人口综合、休闲设施(负相关)、历史风貌和绿化面积。

**(1)有效因子对省域城镇经济空间结构的影响:中心集聚下的局部极
化和区域圈层式分布**

影响省域城镇经济空间结构的 3 个有效因子具有极化和圈层式分布的特
征。其中,"人口综合"因子的峰值显著集中在杭州、湖州地区,高值主要分布于
嘉兴、温州及台州等地区。"消费能力"因子对经济空间影响程度较大的区域为
宁波、舟山沿海地区和绍兴市东部地区,对浙西的衢州、丽水以及杭州的西部边
缘地区影响较小。"地域综合"因子对经济空间的影响程度与地形地貌特征一
致,这一因子与经济集聚度呈负相关,标准差越高的城镇对经济空间结构的负作
用越明显,高值出现在浙中和浙西南山区。与最小二乘全局回归(OLS)模型分
析获取的有效因子相比,浙江省小城镇基本配套公园及休闲健身广场,因此"公
园健身"因子与"体育设施"因子并未在 GWR 模型中体现足够的有效性。在浙
江省小城镇环境综合整治工作中,着重治理"低、小、散"块状行业,包括改造升
级、整合入园、合理转移、关停淘汰等措施。2017—2019 年,每年淘汰产能落后
企业 1000 家以上,淘汰和整治问题企业(作坊)10000 家以上。因此,指标中规
模以上工业企业数量占比上升,使得"产业层级"这一因子得分愈发趋同,无法在
GWR 模型中达到足够的有效性。

**(2)有效因子对省域城镇人口空间结构的影响:块状分化下的区块集
聚和分化分布**

影响省域小城镇人口空间结构的 5 个有效因子的分布更具区块集聚的分布
特点。"消费能力"因子对人口空间结构影响程度的峰值出现在台州地区,低值
出现在杭州西部、衢州地区。"人口综合"因子对人口空间结构影响程度的峰值
出现在湖州、温州南部,低值出现在宁波东部及舟山地区。"休闲设施"因子与人
口聚集程度呈负相关,标准差越高,对人口空间结构的负作用越明显;高值出现
在浙西南山区,低值出现在舟山地区,呈现以环杭州湾地区为中心向外围逐步增
强的圈层式分布特征。"绿化面积"因子对宁波、绍兴地区的影响最为明显,影响

程度由宁波地区向外逐渐减弱,低值出现在丽水、温州地区。"历史风貌"因子对宁波东部、绍兴及金华北部地区的影响较大,低值出现在杭州、嘉兴地区。与OLS 模型分析获取的有效因子相比,"基础设施"因子包含的原始指标均为农村基础设施,对小城镇常住人口增长的影响相对较弱。"社会保障"因子与"体育设施"因子在浙江省小城镇层面的区分度并不明显。"地域综合"因子包含的 3 个原始指标均为交通可达性层面,自"十三五"规划以来,浙江省内四大都市区基本建成层次清晰、衔接高效的轨道交通网络,地区间的综合交通发展差异进一步减小。

## 4.3 小城镇的规模分级特征

### 4.3.1 浙江省小城镇人口规模分级

随着城镇化由外延式的人口扩张为主转变为内涵式的素质提高为主,以往小城镇千篇一律的建设模式已不能满足人们对美好生活的需求。对小城镇的规模分级与特色化发展进行研究,有利于形成不同规模类型的具有各地特色的城镇体系。

基于《2017 浙江统计年鉴》,基础数据共有 817 个有效数据单元,包括 247个乡级单元、570 个镇级单元,其中有 30 个建制镇和乡的统计数据不全。在进行自然间隔断点法分析时,主要选择乡镇统计数据内的建成区常住人口作为分析指标。

利用自然间隔断点法对小城镇建成区常住人口规模进行划分,并结合浙江省中心镇、试点小城市人口规模分类的相关研究及政策相关要求,在定量分析的结果上略作调整。本章将浙江省小城镇按镇区常住人口规模划分为 4 个等级(见表 4-3),分别为Ⅰ型小城镇、Ⅱ型小城镇、Ⅲ型小城镇和Ⅳ型小城镇。

表 4-3　2017 年浙江省小城镇按常住人口规模划分表

| 分类 | Ⅰ型 | Ⅱ型 | Ⅲ型 | Ⅳ型 |
|---|---|---|---|---|
| 镇区常住人口规模/万人 | $P \geqslant 10$ | $3 \leqslant P < 10$ | $1 \leqslant P < 3$ | $P < 1$ |

### 4.3.2 浙江省小城镇的建设特征

用纳尔逊分类法对小城镇的各指标评分进行评估,根据高于平均值 1 个标准差和低于平均值 0.5 个标准差为依据进行归类划分,具体评价标准为:高于平均值 1 个标准差的小城镇标识为较好,低于平均值 0.5 个标准差的小城镇标识为较差,两者之间的小城镇定位为一般。将评分为好、一般、差的三类小城镇空间分布与人口规模进行叠加。

四类规模小城镇在数量上呈现阶梯分布,其中Ⅰ型、Ⅱ型小城镇在建设规模、经济发展、环境打造等方面较为突出。Ⅰ型小城镇规模效应显著,13 个人口规模达 10 万人及以上的Ⅰ型小城镇建成区,常住人口相当于 561 个人口规模为 1 万人以下的Ⅳ型小城镇所吸纳的人口。

Ⅰ型小城镇共 13 个,占小城镇总数的 2%;建成区常住人口规模为 176.7 万人,占浙江省总建成区常住人口的 6%。Ⅰ型小城镇中,有 12 个小城镇为浙江省培育试点小城市,主要分布在浙东南温台、浙中金华以及浙北杭州等城市,且大多为都市节点型小城镇。Ⅰ型小城镇的建设与经济水平较高,基础设施建设较为完善,人居环境建设呈中上水平,经济强度呈现中等水平。未来应注重推动自身产业转型、提升综合实力,实现经济与社会的协调发展。

Ⅱ型小城镇共 75 个,占小城镇总数的 9%,其中有 51 个中心镇;建成区常住人口规模为 363.8 万人,占浙江省总建成区常住人口的 13%。主要分布在温台地区,浙江中部如金华等城市,宁波、杭州湾周边,呈带状分布,靠近中心城市。部分小城镇处于交通枢纽位置,具有物流运输优势。大部分Ⅱ型小城镇建设与经济发展水平落后于Ⅰ型小城镇,少数小城镇基础设施建设尚未完善;经济强度上,大部分小城镇呈中上水平,而人居环境建设与Ⅰ型小城镇相差较大。可通过资源整合引导主导产业走特色化发展的道路,将资源优势转化为经济优势,并保持基础设施建设与人居环境建设稳步进行。

Ⅲ型小城镇共 168 个,占小城镇总数的 21%,其中 61 个为中心镇;建成区常住人口规模为 290.5 万人,占浙江省总建成区常住人口的 10%。Ⅲ型小城镇呈片状分布在浙江省杭州、宁波、温台、浙中四大都市区内,多数处在交通干道附近。经济与建设总量指标评分低于Ⅱ型小城镇,少数小城镇经济强度指标高于Ⅱ型小城镇,大部分小城镇在基础设施和人居环境建设上优于Ⅱ型试点小城镇。应根据比较优势挖掘特色产业,明确发展定位,在经济与环境协调发展的前提下不断优化发展路径。

Ⅳ型小城镇共 561 个,占小城镇总数的 69%,其中 22 个为中心镇;建成区常住人口规模为 194.1 万人,占浙江省总建成区常住人口的 7%。Ⅳ型小城镇主要呈点状分布在浙江省各大城市附近,集中分布在浙西南地区,少数位于中心城市周边并依托其资源与交通优势发展,多数小城镇不具备交通优势。Ⅳ型小城镇建设与经济总量规模较小,基础设施建设尤待完善,经济强度指标总体较高,少数小城镇自然环境优异,人居环境建设水平较高。应通过带动型产业发挥引领优势,增强集聚效应,吸收腹地村民就近就地就业,形成规模效应,进而保障基础设施建设运行。

## 4.4 小城镇的村庄建设发展特征

### 4.4.1 浙江省小城镇的村庄建设发展特征

#### (1)村庄人口空间分布

浙江省西南以山地为主,中部以丘陵为主,东北部是低缓的平原地形,使浙西地区村庄空间分布密度较小,沿海、沿杭州湾地区和金义都市区周边村庄空间密度较大,村庄空间分布沿公路线呈线状聚集。在村庄数量空间分布上,以温州、台州和金华为代表的浙东南、浙中地区数量较多,其他地区分布相对均匀。

浙江省各乡镇(街道)城镇化水平高的地区主要分布于各个地级市以及县级行政单元的中心城区周边。各乡镇(街道)农村人口占比与城镇化水平成反比,更能直观地反映各地农村人口比重情况。浙西地区的农村人口占比较高,镇域总体发展相对不均衡。城镇化水平较高的城镇多数集中在沿海沿湾地区和金义都市区周边,局部地区呈现沿交通干线城镇化水平较高的特点。四大都市区周边村庄受经济增长极辐射影响,沿交通干线与节点城市交流密切,以杭州湾都市区最为明显。

#### (2)村庄建设用地特征

浙江省的村庄建设用地总量以杭州、宁波、温州、嘉兴和绍兴市较大,舟山和丽水相对较小,而人均村庄建设用地面积以舟山、嘉兴和湖州较大(见图4-2)。浙江省村庄建设用地基本上呈沿交通路线建设总量较大的特点,而丽水地区受地形影响,沿高速公路村庄建设用地规模不大,这也说明村庄建设受交通因素影响较大,地区发展受交通带动作用较强。人均村庄建设用地空间分布相对均衡,但大部分村庄人均建设用地面积超过100平方米,村庄建设用地不集约的问题突出。

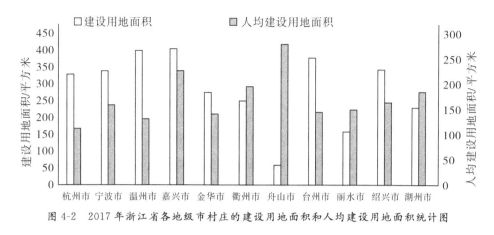

图 4-2　2017 年浙江省各地级市村庄的建设用地面积和人均建设用地面积统计图

## 4.4.2　浙江省小城镇的村庄建设发展的影响因素

采用 OLS 模型和 GWR 模型相结合的方法,对浙江省村庄建设的区域空间结构影响因素进行建模和分析。结果显示,村庄建设用地总量受 3 个有效因子影响,影响因子由强至弱可分为房屋建设投资、公共服务设施建设用地面积和住宅建设用地面积。村庄常住人口规模受 7 个有效因子影响,影响因子由强至弱可分为住宅建设用地面积、人均住宅建设用地面积(负相关)、人均道路面积(负相关)、道路面积、公共服务设施建设用地面积、生产性建筑面积(负相关)和离最近高速公路出入口距离。

### (1)村庄常住人口规模影响因素

道路交通因素对村庄常住人口规模影响显著,其中道路面积和离最近高速公路出入口距离与村庄常住人口规模呈正相关,人均道路面积与村庄常住人口规模呈显著负相关。杭州、宁波、温州等沿海沿湾地区的交通条件对村庄常住人口规模的影响较大,依托便捷的道路交通网络体系和乡镇企业集聚优势,东部沿海地区的村庄吸引外来人口不断流入,也吸引大量民营资本通过发达的道路网络汇聚到东部沿海地区。块状经济的高度发达与现代交通体系的高效互联,使沿海沿湾地区日益成为城市社区网络的一部分。

在空间分布上,住宅建设用地面积、公共服务设施建设用地面积对村庄常住人口规模的影响与对村庄建设用地规模的影响极为相似。浙西南地区村庄人口规模受住宅建设和公共服务设施的带动效应明显,温台沿海地区则受相关因素影响较小。浙西南地区村庄的城镇化水平较低、人口分布密度和建设用地总量偏低,村庄建设缺乏规模效应。因此,浙西南地区村庄的公共服务设施配套亟待完善,通过全面构建公共服务及基础设施体系,吸引人口回村建设美丽宜居乡村,是实施乡村振兴战略、实现城乡融合发展的重要内容。

村庄常住人口规模与人均住宅建设用地面积呈显著负相关。杭州、宁波都市区周边村庄人均住宅建设用地面积对村庄常住人口规模影响较大,村庄集约发展使各项配套设施建设具有规模经济效应,有利于人口红利的进一步释放。在城乡融合发展背景下,城乡界线被逐步突破,农村居民点用地呈现多功能性,农村土地利用方式呈现非农业与农业相结合的格局。农村人口大量进城,导致房屋闲置率居高不下。同时,快速的城市扩张导致人才、资本等要素向郊区流动,引发产业用地和居住配套用地需求的不断增长,在城市空间全域化过程中,村庄面临土地大量开发的问题。在人地矛盾日益紧张的背景下,将零星分散的土地集中起来进行统一开发,实现农民集中居住、产业集聚发展以及资源综合利用,是使农村土地价值最大化的有效方法。

村庄常住人口规模与生产性建筑面积呈负相关。衢州、丽水等地区村庄的常住人口规模受生产性建筑面积影响相应较大。浙西南地区多为山地丘陵地区,该区域生态环境优越,不适合大量引入生产加工型企业和劳动密集型产业。浙西南山区传统的农业生产方式和区位竞争力弱势共同导致工业用地的缩减,因此,因地制宜地发展农产品加工业、生态贸易业、旅游娱乐业等综合性产业,加快农村产业结构升级与居住环境改善,有利于促进农村人口就地就业,进一步带动地区经济发展,完善公共服务设施供给。

**(2)村庄人口空间分布**

对村庄建设用地规模影响较大的因子为公共服务设施建设用地面积、住宅建设用地面积和房屋建设投资,均与村庄建设用地规模呈正相关。浙西南山区村庄建设用地面积受相关因素影响较大,东部沿海地区相对较小。其中杭州、宁波都市区周边村庄建设用地规模受公共服务设施影响较小,温州都市区周边村庄建设用地规模受房屋建设和投资影响较小。近10年来,环杭州湾城市群聚集省域大量人口、经济要素,尤其是杭-甬都市区内网络化联系紧密。都市区周边乡村虽距都市区核心有一定距离,但自身交通条件较为便利,城乡经济与社会功能紧密融合,依托于区位优势与经济基础,大量人口流入,公共服务设施的配套呈现规模化经济效应,村庄建设相对完善。公共服务设施的配套与建设水平对区域社会、经济发展的影响较大,浙江省西南地区受地理位置和地形条件限制,区内产业发展相对落后,乡村人口大量外流,区域交通网络稀疏且等级较低,公共服务设施建设成本高、使用效率低、到位难,进一步制约了当地经济与社会发展。

## 4.5　小城镇的乡村人居环境发展特征

### 4.5.1　浙江省乡村生态环境

党的十八大将"中国生态文明建设"纳入中国特色社会主义"五位一体"总体布局,党的十九大报告再次提出"加快生态文明制度体系,建设美丽中国"。2022年,党的二十大报告指出,应推动绿色发展,促进人与自然和谐共生,提升环境基础设施建设水平,推进城乡人居环境整治。在政府领导下,环境生态资源综合保护各项综合整治重点工作不断推进并取得积极有效的进展。在浙江省委领导和浙江人民的共同努力下,经国家生态市(县、区)考核组考核,目前,浙江省宁波市、余杭区、天台县、安吉县、义乌市等 18 个市(县、区)被评为国家生态市(县、区)。

浙江省是"美丽中国"的先行地。2003 年以来,浙江实施"八八战略"部署,以"千村示范、万村整治"为突破口,紧密围绕"两美"浙江,持续开展"五水共治""四化三改""三改一拆""特色小镇""美丽乡村"等一系列行动(见图 4-3)。

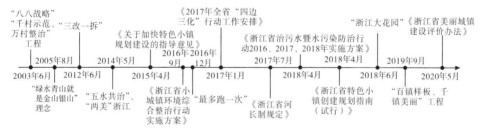

图 4-3　国家战略路线演进

#### (1)乡村自然景观保护

浙江省属于"七山一水二分田"地貌结构,以丘陵山地、中低山地为主,有水网平原、河谷平原、山间盆地和沿海海岛等地貌单元,地貌类型丰富。浙江地区除了沿海海岛,其他地貌类型均有涵盖,拥有良好的自然环境底蕴。随着政府的重视、居民保护意识的提高,规划设计方法的不断完善,自然环境保护越来越受到人们的重视,例如杭州龙井村规划中对原有大树的保护以及嘉兴洪典村保护农田景观,均体现了生物多样性的自然田园风光。

### (2)乡村环境整治

公众的环境意识和参与意识在创建中不断得到增强。"十一五"期间,浙江省政府逐步实施"千村示范、万村整治"工程,投入大量资金。2010 年 12 月,浙江省委、省政府颁发了《浙江省美丽乡村建设行动计划(2011—2015 年)》,明确发展方向。10 年来,浙江省政府投入大量资金,通过村容整治、垃圾清理、污水治理、改水改厕、河道清洁的乡村环境整治项目,改善脏乱差的乡村环境。通过美丽乡村建设,把县域建成景区、把沿线建成长廊、把村庄建成景点、把庭院建成小品。2013 年 10 月,"811"环境污染整治行动在浙江省启动。到 2019 年,浙江全省提前完成 1191 个小城镇环境综合整治行动任务,城镇建设步入提质转型新阶段。为建设具有时代特征、现代品质、浙江特色的小城镇,"百镇样板、千镇美丽"工程适时推出。浙江地区中,杭州市萧山区、余杭区、富阳区、临安区等较早建设了乡村生活污水处理设施系统,逐渐推广到全省。

## 4.5.2  浙江省乡村基础设施

乡村公共基础配套设施是为了保障乡村居民经济、社会、文化事业发展及乡村村民日常生活。加强我国乡村居民基础设施体系建设,逐步改善生活环境条件,促进乡村社会发展,有利于乡村资源的有效利用,改善乡村内生态环境,实现人与自然之间的和谐相处。进入城镇化建设加速推进发展的新时期,浙江省的乡村基础配套设施项目建设已经取得很大的推进成效。浙江地区新型农业蔬菜生产地环境得到显著改善,水利水电、道路、电网质量有了很大程度的提高。乡村居民享受到了建设的成果。农业生产机械化应用程度的不断提高,很大程度上改善了现代农业的人工生产生活条件,为乡村地区的经济发展和村民生活水平的提高奠定了必要的物质基础。此外,乡村自来水系统建设全部一水通达,浙江地区的乡村自来水系统普及率已经达到 100%。经过长期的发展,如今浙江乡村的路面基本为水泥或沥青路面。早期村庄内道路一般宽度较小,并且弯弯曲曲,路面宽度只有 1~2 米。经过规划改善,村庄与外界沟通道路宽度一般为 6~12 米,村庄内主路宽度一般达到 3~5 米,村庄内小路宽度为 1.5~2.5 米,改善了原有的道路出行条件。

## 4.5.3  浙江省乡村住宅建设

浙江省乡村居民收入水平的不断提高,为乡村住宅建设提供了良好的经济基础。

**(1)建筑密度**

曾经的乡村为了取水方便,都是倚水而居的格局,而近些年来受到"要想富,先修路"这类思想的长期影响,居民为了交通方便,乡村住宅建设越来越靠近道路方向发展,在带来便利的同时,这些无序的建设却破坏了原本的乡村格局。

**(2)建筑外观**

浙江乡村具有较好的住房条件。浙江对大量农房进行整治改造,一种方式是搬迁,由政府统一规划,建筑一般比较规整,整齐排布。另一种方式是村民根据相同图纸建造。目前,乡村居民住房大部分是砖混合砖(石)木结构。

**(3)采光朝向**

乡村住宅建设大多朝南而建,采光较好。但是近年来乡村建筑拆改,重新规划,密度和高度不断加大、房屋之间间隔较近、一层采光较差且屋内光线较暗,均影响了居民日常生活。

**(4)庭院景观**

庭院景观分 2 个部分,一部分是指建筑院内,另一部分是指房屋前后。随着经济水平的发展,村民越来越注重庭院景观。庭院景观包含庭院围墙、庭院景观小品和庭院景观绿化。在调研过程中发现,浙江的村庄部分是没有围墙的,有围墙的高度一般在 1.8 米左右,也有 0.8～1.2 米的矮墙。围墙有砖砌、铁艺或者仿木 3 种样式,乡村庭院的小品有花架、灶台、水缸、水池及水井等,庭院绿化是指农户们在自家庭院里栽种植物。

## 4.5.4　浙江省案例村调研解析

2021 年,选取义桥镇民丰村、临浦镇通二村作为调研案例。两个村都是浙江省第三批引领型乡村社区,具有优越的地理位置,紧邻高速路口,村内均有多家企业经济较为发达,拥有不同的产业优势与资源禀赋。

义桥镇民丰村在浙江省萧山区,南面靠近工业区,西面紧邻钱塘江,北面临近绕城义桥镇高速出口,为浙江省第三批引领型乡村社区。民丰村以经济建设为中心,在乡村建设过程中,抓住镇党委、政府对沿江开发的有利时机,对沿江 8 个自然村村民住宅进行拆迁,实行统一规划、统一设计、统一建造。投资建设新乡村道路、电、气管网等基础设施。在新老区块设立老年公寓活动中心、篮球场、村民健身点、图书室、医疗保健站等服务群众、方便利民的公益性设施,先后获得杭州市先进基层党组织,萧山区文明村、卫生村等荣誉。民丰村附近有杭州东方文化园、杨岐禅寺、"天下无双"大牌坊、节孝承恩坊、杭州极地海洋世界等旅游景点。

临浦镇通二村位于临浦镇北面。在阿里研究院公布的 2020 年淘宝村中,通二村榜上有名。东、北与所前镇三泉王村、三里王村毗邻,南与苎萝村、杭金衢高速公路临浦出口相邻,西与本镇通一村、03 省道东复线、杭金衢高速公路穿村而过。随着经济、社会的发展,临浦镇二期工业园区落户通二村。经济的发展加快了社会各项事业的建设步伐,村内先后投入大量资金对全村实施了道路硬化、路灯亮化、村庄绿化、河道洁化、环境美化等工程,新建多个篮球场、健身广场,对村内河道、池塘全部砌石护岸,并安装了栏杆扶手。

通过对案例村的发展特征数据整理,也分别对各个村镇进行了数据分析,得出如下结果。

**(1)基本情况**

从两个案例村基本情况来看,家庭平均常住人口和家庭平均外出人数基本一致,民丰村家庭平均外出人数在 2 人,通二村平均是 3 人。民丰村主要家庭类型为核心家庭,联合家庭人数较少;通二村镇则以联合家庭为主,老人带孙辈家庭较多。两个村的家庭平均外出人数相对较少,地理位置优越、交通方便,多数年轻人选择在周边工作。家庭年收入方面,两个村的年总体收入差异不大(见表4-4)。

表 4-4　两个案例村的家庭人数及收入情况统计表

| 家庭情况 | 家庭平均常住人数 | 家庭平均外出人数 | 家庭年收入 |
| --- | --- | --- | --- |
| 民丰村 | 4 人 | 2 人 | 10 万元以上 |
| 通二村 | 3 人 | 3 人 | 10 万元以上 |

**(2)公共环境**

从两个案例村处理家庭垃圾方式来看,民丰村与通二村的处理方式有所不同,民丰村居民分类意识较高,占比 90.3%,加上当地政府环保宣传到位,实地调研看到每家每户门口都有 2 个垃圾桶,了解到每天也都会有环卫工人定时处理。通二村相对来说垃圾分类意识还没有完全普及,直接倒入垃圾桶占比相对于民丰村较高,结合实地调研发现当地垃圾堆放处已较长时间没有处理,其中建筑垃圾是未得到处理最多的垃圾(见表4-5)。

表 4-5　两个案例村处理家庭垃圾方式情况统计表

| 处理家庭<br>垃圾方式 | 将垃圾归类,不同的<br>垃圾进行不同的处理 | 不归类,直接<br>倒入垃圾桶 | 垃圾当地焚烧 | 其他 |
| --- | --- | --- | --- | --- |
| 民丰村 | 90.3% | 9.7% | 0 | 0 |
| 通二村 | 80.2% | 19.0% | 0 | 0.8% |

从两个案例村的公共环境满意度来看,民丰村与通二村公共环境满意度整体相差较明显。民丰村满意度相对来说较高一些,这与当地政府在人居环境方面的投资、公共环境方面的重视有很大联系。通二村相对来说满意度偏低(见表4-6)。

表 4-6　两个案例村公共环境满意度统计表

| 满意度 | | 满意 | 一般满意 | 不满意 |
| --- | --- | --- | --- | --- |
| 民<br>丰<br>村 | 街道绿化环境 | 25.8% | 42.0% | 32.2% |
| | 生态环境 | 42.0% | 51.6% | 6.4% |
| | 环境卫生 | 51.6% | 45.2% | 3.2% |
| 通<br>二<br>村 | 街道绿化环境 | 22.8% | 38.0% | 39.2% |
| | 生态环境 | 32.0% | 48.6% | 19.4% |
| | 环境卫生 | 43.6% | 50.4% | 6.0% |

## (3)基础设施

从公共空间及其使用频率来看,民丰村与通二村相差不大。实地调研发现民丰村公共空间有文化礼堂、小广场等,经常举办一些活动,活动对象多是村内的老人与留守儿童。近年来乡村人居环境整治方面,政府在公共空间的投入逐渐增多,但是村民对公共空间的使用频率较低(见表4-7)。

表 4-7　两个案例村公共空间及其使用频率统计表

| 公共空间及其使用频率 | 每天 | 两三天一次 | 一周一次 | 一个月一次 | 没有使用过 |
| --- | --- | --- | --- | --- | --- |
| 民丰村 | 9.6% | 3.4% | 16.1% | 19.3% | 51.6% |
| 通二村 | 3.4% | 9.6% | 12.0% | 23.0% | 53.0% |

从文体设施有无及其使用频率来看,村民大多知道有文体设施的存在,但是使用频率相对来说较低。民丰村与通二村整体相差不大,结合实地调研发现两

村文体设施健全,但是村民使用频率不高,甚至现场可以看到篮球场变成居民晾晒农作物的场地(见表4-8)。

表 4-8　两个案例村文体设施有无及其使用频率统计表

| 文体设施有无及其使用频率 | 有 | 无 | 不清楚 | 每天 | 两三天一次 |
|---|---|---|---|---|---|
| 民丰村 | 96.8% | 0 | 3.2% | 9.6% | 9.9% |
| 通二村 | 92.3% | 0 | 3.2% | 9.6% | 3.2% |

从家庭出行与交通工具来看,民丰村与通二村大部分居民家中有(电动)自行车,并将它作为日常出行方式。两个村家中拥有汽车占比较为接近,这与本地经济发展水平有一定联系。摩托车和农用车相对来说较少(见表4-9)。

表 4-9　两个案例村家庭出行与交通工具统计表

| 家庭出行与交通工具 | 汽车 | 自行车 | 摩托车 | 农用车 | 电动自行车 |
|---|---|---|---|---|---|
| 民丰村 | 60.3% | 23.0% | 3.2% | 9.6% | 88.2% |
| 通二村 | 56.9% | 18.0% | 3.2% | 12.1% | 86.3% |

从停车位置来看,民丰村与通二村将车停放在马路边或者空地上的占比较高,民丰村将车停在庭院内的仅有3.2%,结合实地调研的情况,发现民丰村统一规划的房子都配有车库,但是将车停入车库中的家庭却很少,并且据村民反映,邻近村庄也会将车停放在村内道路两旁,阻碍交通出行。通二村有规定的车位,严格停车,较有秩序(见表4-10)。

表 4-10　两个案例村停车位置统计表

| 汽车停放位置 | 庭院内 | 马路边 | 空地上 | 其他 |
|---|---|---|---|---|
| 民丰村 | 3.2% | 58.0% | 18.0% | 20.8% |
| 通二村 | 12.3% | 60.1% | 21.0% | 7.6% |

### (4)居住环境

从家庭庭院功能用途来看,民丰村和通二村将庭院用来晾晒衣服的占比分别达到90.1%、80.5%。结合实地调研的情况发现,民丰村统一规划的房子庭院较小,用来晾晒衣服和一些农作物的空间较小,其中访问大多数居民,都希望在庭院中种植一些花草和果树(见表4-11)。

表 4-11　两个案例村家庭庭院功能用途统计表

| 家庭庭院功能用途 | 晾晒衣服 | 停车 | 种菜 | 晾晒农作物 | 休憩娱乐 | 其他 |
|---|---|---|---|---|---|---|
| 民丰村 | 90.1% | 21.3% | 3.9% | 70.2% | 56.6% | 10.2% |
| 通二村 | 80.5% | 0 | 0 | 67.6% | 38.6% | 9.6% |

　　从两个案例村庭院环境及设施的满意度来看,民丰村与通二村公共环境满意度整体相差较明显。民丰村满意度相对高一些,当地庭院面积较大且功能多样化,究其原因,是美丽庭院建设的开展带动了乡村人居环境的提升(见表4-12)。

表 4-12　两个案例村庭院环境及设施满意度统计表

| | 满意度 | 满意 | 一般满意 | 不满意 |
|---|---|---|---|---|
| 民丰村 | 庭院环境 | 83.8% | 3.2% | 13.0% |
| | 庭院设施 | 78.6% | 9.6% | 11.8% |
| 通二村 | 庭院环境 | 75.8% | 14.3% | 16.0% |
| | 庭院设施 | 64.2% | 26.0% | 13.8% |

## 第 5 章

**小城镇高质量特色化发展的理论**
**分析**

## 5.1  小城镇高质量发展的内涵及系统要素

### 5.1.1  小城镇高质量发展的内涵

　　小城镇发展涉及经济、社会、环境各方面,由多个子系统要素共同组成,是一个复杂多变的庞大系统,而小城镇的高质量发展,不仅要求小城镇各方面的发展质量达到较高水平,更对小城镇系统要素之间的协调发展提出要求。小城镇系统要素之间具有复杂的、非线性的关系,比如同步发展、互相促进、互相制约等多种互动关系;各系统要素之间达成良性的协调互动关系,共同推进小城镇向更高水平迈进,是小城镇高质量发展的重要内涵之一。因此,仅从发展质量水平层面作出的评价无法全面反映小城镇内部结构和要素功能,对于小城镇高质量发展的内涵,应当在小城镇发展质量水平评价的基础上,考察城镇内部子系统发展的协调性,从各类系统要素的合作关联、搭配组合等角度进行延伸和解读。

#### (1)小城镇发展质量水平

　　城镇发展质量水平是评价城镇各方面发展质量的综合指标,是对城镇发展质量的直接反映。城镇发展可以看作一个大系统,应从经济、社会、环境、文化和制度等多方面进行考量。同时,城市是人类文明的产物,正如亚里士多德说过,"人们来到城市是为了生活,人们居住于城市是为了更好地生活"。从人的需求出发,城市发展质量是指"城市在发展过程中,各种功能发展水平及其满足公众当前与未来需求的程度"。随着我国进入深度城镇化阶段,浙江省等发达地区的城镇化率已超过 70%,较高的城镇化水平对城镇发展质量提出了更高的要求。与城市相比,小城镇经济规模小,产业结构不完整,基础建设相对不完善,居民生活水平较低,环境问题较为突出,总体发展质量水平较低,科学评估小城镇发展质量水平对实现城镇高质量发展十分必要。

城镇发展质量强调城镇自身的发展能力,从构成要素出发,城镇发展质量水平应包括经济产业、社会发展、环境改善、精神文化和制度保障等方面。经济发展是城镇发展的物质保障和驱动力,社会发展是城镇发展质量水平提升的社会基础,环境改善为城镇可持续发展提供基本保证,精神文化是城镇发展质量迈向新阶段新高度的代表,制度建设为城镇高质量发展提供全过程的总体指引和政策保障。小城镇发展是经济、社会、环境、文化、制度等子系统共同作用的结果,小城镇发展质量水平直接受到子系统发展质量水平的影响。发展质量水平高于城镇发展质量水平的子系统可视为城镇发展质量水平提升的驱动因素。发展质量水平低于城镇发展质量水平的子系统可视为城镇发展质量提升的制约因素。比较子系统发展质量水平与城镇发展质量水平的差异,有助于明晰当前小城镇发展过程中存在的问题,把握城镇发展质量水平提升的关键。

**(2)小城镇发展协调性**

发展协调性是城镇子系统之间的差异化配合,反映了城镇子系统间的互动水平和要素功能的协调状况。基于协调发展理论,协调性通常指构成系统整体的各子系统及其内部要素之间的和谐程度。小城镇各子系统并非孤立存在于小城镇中,小城镇的健康发展很大程度上取决于子系统之间的功能协调与良性互动。从系统协调发展的角度出发,小城镇作为各子系统相互联系、相互作用的复合系统,单一子系统只有与其他子系统之间相互联系、互动作用,才能最大程度地发挥各自功能。从小城镇连城带乡的功能定位出发,小城镇子系统之间的协调发展对于引导城乡要素双向流动,实现小城镇和乡村互融共生意义重大。

小城镇两两子系统之间普遍存在的互动关系往往难以通过简单的方法进行描述,系统要素间存在交错、动态和不平衡性。本研究采用了能较全面分析两两子系统多因素相互作用的灰色关联度模型,以便于对小城镇发展协调性的特征和机制进行揭示。小城镇作为复合系统,各个子系统之间的协调发展是小城镇发展的关键。经济水平的提升伴随居民消费能力和水平的提升、社会基础设施建设投入的增加,社会基础设施的配置优化能支撑经济产业更好地拓展升级,居民消费水平的提升可以促进社会医疗、商业、文化、教育等公共服务的供给。伴随着三者的互相作用,小城镇逐渐迈向高质量、特色化、可持续的阶段,从物质功能的完善转为精神文化的建设。由此可见,各个子系统之间通过不断地互动、协作配合,不断提高相互影响的程度,实现子系统的共同发展,实现小城镇的高质量特色化发展。

## 5.1.2 小城镇高质量发展的系统构成要素

从系统构成要素理解城镇发展质量的研究中,国外研究中具有代表性的是联合国人居中心的城镇发展指数(CDI)和城镇指标准则(UIG),前者由基础设施、生产能力、废弃物处理、健康、教育 5 个部分组成,后者从居住、社会发展和消除贫困、环境治理、经济发展、管治等方面反映人类居住环境质量。在国内研究中,国家城调总队、福建省调查队课题组将经济、社会、基础设施和生态环境质量纳入城镇化质量的评价体系。孔凡文认为城镇化质量评价指标体系应包括经济发展、社会发展、基础设施、生活方式、人居环境、城镇管理等 6 大方面。韩增林、刘天宝从经济发展、社会发展、生态环境等 10 个方面评价城市化质量。

小城镇作为一个在城镇化快速发展中具有浓烈的本土化特色的组成部分,是天然的连接城市和农村的重要纽带,同时具有城镇和乡村的双重属性,在促进我国城乡融合发展中发挥关键作用,是转移农村剩余劳动力的"蓄水池",引导城乡二元结构向"城市—城镇—乡村"三维区域空间结构演变。因此,实现小城镇的高质量发展,与乡村振兴、共同富裕、美丽城镇等各项政策指引和行动计划高度关联。乡村振兴战略中提出的产业兴旺、生态宜居、乡风文明、治理有效、生活富裕,分别从经济、生态、文化、制度、生活 5 个方面提出具体的要求,统筹推进农村经济建设、政治建设、文化建设、社会建设、生态文明建设。共同富裕强调人民生活和精神上的双重富足,要求提高发展的平衡性、协调性、包容性;促进基本公共服务均等化;促进人民精神生活共同富裕等,在高质量发展中促进共同富裕。美丽城镇是浙江省为进一步推动小城镇高质量发展所提出的举措,目标是努力建设功能便民环境美、共享乐民生活美、兴业富民产业美、美丽亲民人文美、善治为民治理美的美丽城镇。我国小城镇发展较高层级的目标应为通过产业升级、消费升级带动经济、环境、文化共同发展,通过完善的治理制度提供全程保障,实现高质量特色化发展。

在参考国内外城镇发展质量评价研究及国内各阶段小城镇建设实践的基础上,小城镇可视为经济、社会、环境、文化、制度的统一体,而实现小城镇的高质量发展,离不开这五大要素的协调发展,因此,小城镇应兼顾经济、社会、环境、文化、制度等各方面发展,同时在子系统及其构成要素之间形成良性互动的协调发展态势。因此,本书将从经济产业、社会发展、环境改善、精神文化、制度保障 5 个方面建立系统体系,在下文加以具体分析。

**(1)经济产业子系统**

经济产业是小城镇发展的动力,城镇社会文化功能的提升建立在经济功能增强的基础上,经济发展是否高效是城镇发展质量水平的衡量标准之一。从增强经济发展效益与构建现代产业体系出发,经济发展状况包括经济规模与产业结构等方面。一定的产业基础使小城镇在吸引人口集聚、加快城镇化进程中发挥关键作用,但目前小城镇仍以粗放型经济增长方式为主,因此,城镇经济产业发展应注重提升规模效益,推动工业企业规模化集约化发展,从而创造大量就业机会,提高居民收入,引导社会消费。此外,合理的产业结构也是小城镇经济发展的关键。从经济学角度看,城镇化是第一产业持续向第二、三产业转化升级的过程,小城镇发展的过程就是产业不断升级的过程。城镇产业结构升级,有利于推动劳动力就业结构优化,加快城乡要素流动,实现经济系统高效运转。

**(2)社会发展子系统**

小城镇社会发展的主要目的是为居民提供更优质的社会民生服务,提升居民生活质量。市民是城镇发展的多元利益主体之一,城镇发展质量水平的提升应关注市民追求自身生活状况改善的需要。小城镇社会发展的具体内容应包括完善的医疗条件、充足的教育资源、便利的商贸服务以及繁荣的文体事业等。教育、医疗是公共服务体系的核心,基层教育质量的提高和医疗服务能力的增强对提升城镇发展质量意义重大。当前,部分小城镇在教育设施配置方面存在空间不均衡、办学条件差异大等问题,医疗服务能力有限的问题也较为突出,难以满足农民获得高质量的教育、医疗公共服务的强烈愿望,因而补齐教育、医疗短板成为小城镇发展必不可少的环节。除了基本的教育医疗供给,城镇社会发展还应满足居民日常购物消费、文化体育活动的需求,促进人的全面发展。从提升核心公共服务质量和方便居民生活的角度出发,小城镇社会发展应提供均等化、全覆盖的社会服务体系,满足居民教育、医疗等需求,提升人口素质,培养健康的生活方式,推动城乡社会均衡发展。

**(3)环境改善子系统**

环境是社会、经济发展的空间载体。城镇环境建设的目的是让城镇更适合人居住。城镇生态环境优化是经济、社会可持续发展的关键,良好的环境有利于推动城镇公共服务、产业发展共建共享进程,加快城乡融合发展。环境改善主要包括生态绿化和环境保护2个方面,在城镇发展从重"量"向重"质"转变的过程中,居民对生活环境品质要求不断提高,因此,小城镇应通过为居民提供更多绿色空间以提高人居环境品质。同时,由于环境容量是有限的,加大城镇环境保护力度、提高污染物处理水平也是提升小城镇环境品质的重要方面。

### (4)精神文化子系统

精神文化需求代表了小城镇的发展质量水平迈向一个新的高度。随着小城镇经济水平和人民物质生活的提升,人民的需求逐渐从物质温饱转向精神富足;小城镇发展将更加重视加强精神文明建设,以满足人民精神文化需求。小城镇未来发展逐渐转向生活品质优化、精神面貌提升、教育文化产业发展。应提升人民精神文化水平,助力更多高水平技术人才的培养,与此同时,能有效反哺产业革新创新,促进社会建设;传承和彰显地方人文情怀与文化内涵,在助推小城镇公共文化服务供给全覆盖的同时,提供文旅融合发展产业的新思路。

### (5)制度保障子系统

长效健全的制度保障以其根本性、长期性、稳定性和全局性为特点,是实现小城镇经济、社会、环境、文化等多方面发展的重要支撑力量。合理的政治制度保障在政策传导过程中实现责、权、利的相互统一,有效理顺上级和地方的责权关系,进而通过"以事权赋财权"的手段实现"约束中的激励"。明确的实施机制利于消除在政策实施过程中行政部门与地方政府的职能冲突,保证各个方面具体政策的落地与成效。精明的制度设计能有效地规范政府在政策实施中的行为,合理引导小城镇的发展方向,促进财政支出的"乘数效应"和基础设施建设的"涓滴效应"。因此,建立长效健全的制度保障是实现小城镇高质量特色化发展的必然举措。

## 5.2 小城镇高质量发展的作用机理

### 5.2.1 小城镇发展质量水平的衡量机制

城镇发展质量是各个子系统发展质量的有机结合,城镇发展质量水平是城镇各方面发展质量的综合测度。但是,城镇发展质量水平的高低与各个子系统得分的高低往往不是一一对应的,城镇发展质量水平高的城镇不一定每个子系统构成得分都高,这是各子系统差异化发展的结果,即城镇发展质量水平存在内部要素组成的差异性。城市发展质量是一个相对的概念,只有在相互比较中才能存在,比较不同城镇发展质量水平及其子系统发展的差异,有利于更好地评价城镇发展质量,为科学制定城镇发展质量水平的衡量机制提供依据。

城镇发展质量水平提升是城镇发展系统整体推进的结果,仅仅依靠单个子系统的发展往往无法实现城镇健康发展,发展水平较高的子系统往往会驱动城镇发展质量水平提升,发展水平较低的子系统则会在一定程度上制约城镇发展质量水平的提升。由于不同城镇子系统发展存在差异,城镇发展质量水平提升受产业结构调整、生活品质提升、环境质量改善的影响程度也不同;同时在小城镇发展的不同时期,城镇发展驱动因素也存在差异。一些子系统发展水平随城镇发展质量的提高而上升,另一些子系统与城镇发展质量之间或许并不存在显著的相关性,因此,城镇发展质量水平的衡量不能视作单个子系统得分的简单叠加。但考虑到城镇发展质量水平与子系统发展直接相关,所以本研究基于共同的指标构成单独计算城镇发展质量水平和各子系统发展水平,根据城镇发展质量水平高低、各子系统得分以及两者的关联情况,综合评价城镇发展质量。

## 5.2.2 小城镇协调发展的互动机制

根据协调发展理论,影响系统协调发展的关键在于子系统及构成要素的协同合作。协同作用是使系统具备协调性的内在动因,系统内部子系统通过协同作用提高合作能力。协同作用的实质是子系统之间的关联,这种关联不是要素间杂乱无序的堆积,而是指各子系统要素相互影响、相互作用而紧密联系的程度。协同作用较强,往往意味着子系统之间的互动作用较强,子系统围绕系统总体发展目标紧密合作、同步发展,推动城镇发展;协同作用较弱,说明子系统之间的关联互动作用较差,相互作用的负向影响较大,各子系统发展失衡。各子系统之间的良性互动有利于系统要素同步协调发展,但系统内复杂的相互作用可能产生协同效应,形成良性循环,推动系统协调有序发展,也可能产生消极影响。从系统要素相互影响、关联互动的角度出发,小城镇发展是各子系统及其构成要素同步协调发展的过程,子系统通过互动协同在城镇发展过程中建立有机联系,实现小城镇的高质量发展。

小城镇发展通常存在一定的阶段性,以浙江省小城镇为例,对小城镇发展过程的规律进行总结,通常可以认为在第一阶段,通过"以经济建设为中心,大力发展社会生产力""先富带后富"等一系列战略,通过数量和规模的提升及扩张,为小城镇的高质量发展奠定物质基础。在第二阶段,随着经济水平的不断提升,环境发展水平呈现明显的 U 形曲线关系,开始制约经济发展速度,小城镇迈向环境整治、生态提升的阶段。在这个阶段,经济产业子系统与环境改善子系统逐步达成协调关系。直到第三阶段,随着人民日益增长的人均收入和物质需求,公共消费支出不断上升,各项基础设施的投资建设及综合功能逐步完善,此时小城镇基本达到经济、社会、环境的良好协调关系;第四阶段,小城镇经济、社会、环境、文化、制度"五位一体"协调发展,实现高质量发展。

**(1)城镇培育阶段**

改革开放以来,大规模的快速城镇化带来了城镇经济的快速发展。在"小城镇、大战略"的实施下,大量人口往小城镇流入并集聚,使得小城镇在数量和人口规模上快速提升,在一定程度上促进了要素集聚、优化资源配置和区划格局,加快了城镇经济基础培育的脚步,小城镇发展由数量规模的扩张转向整体质量和系统绩效的提升。同时,乡镇企业快速崛起,外资流入工业企业,带动以工业为主导的产业蓬勃发展,为小城镇的发展繁荣奠定了厚实的经济基础。促进小城镇"要素集聚"的发展政策,使小城镇成为城市体系的重要组成部分,推动形成了以镇一级区域为单位,人口和产业高度集聚、相互并列的块状经济区格局。

通过对小城镇发展初期的规律总结,结合共同富裕思想理论、城乡关系理论以及人口迁移推拉理论等,通常可以认为小城镇的发展从夯实经济基础开始,通过吸引人口、生产要素、资金等向小城镇集聚,发展乡镇工业企业,实现由"一二三"产业结构向"二三一"产业结构的转变,通过以工业为主导的经济发展模式实现短时间内城镇经济的快速增长,从而培育小城镇发展的物质基础。

**(2)环境改善阶段**

在这个阶段,小城镇基于生态文明理念,开始小城镇综合整治的物质环境改善行动。其中,以浙江省为代表,在"八八战略"、"两美"浙江、"绿水青山就是金山银山"理念的战略引领下,部署"千村示范、万村整治""五水共治"等一系列行动,开展环境污染整治行动及小城镇生态整治行动。传统的粗放型工业发展模式通常以牺牲生态环境为代价,达到快速发展经济的目的,但随着小城镇发展能级的提升,"低、散、乱"块状经济模式的先天不足逐渐显露出来,小城镇经济增速逐渐变慢乃至停滞。而此时,小城镇即将迈入第二个发展阶段——环境整治阶段,这是实现小城镇高质量发展、百姓高品质生活的重要阶段。在这个阶段,对

"低、散、乱"的工业企业进行收拢和整治;对工业污染及生活污染等排放做出明确的规定及要求;对小城镇人居环境和城镇风貌进行全面整治提升;对小城镇生态环境和景观绿化开展专项建设保护行动,全面提升小城镇生产、生活、生态环境质量。

根据资源节约生态理论,即经济发展与环境污染的"倒 U 形假说",以及可持续发展理论等,普遍认为经济与环境存在促进与制约两方面关系,即良好的环境为经济发展提供有利条件并进一步促进经济发展,经济发展也可为环境改善提供保障。但不合理的开发与利用会对环境造成影响,经济发展与人的活动一旦超过环境的承载能力,将破坏生态平衡,影响经济发展;同时,小城镇环境保护与治理均依靠经济支持。城镇的环境整治阶段,是小城镇从经济主导迈向经济和环境并重的发展模式的成果。在这个阶段,是积极实现经济和环境协调发展的过程,是实现小城镇高质量发展的必要条件,充分回应了人民群众对美好生活的更高期待。

**(3)提质转型阶段**

在这个阶段,小城镇发展聚焦于提质转型,产业转型与特色化发展成为小城镇发展的重点。从"两个高水平"到"四大建设"的战略引领,让小城镇迎来新时代发展建设转型的关键期。小城镇应当抓住建设发展机遇,实现发展道路转型,进一步增强小城镇在城乡统筹中的综合承载力、辐射带动力和城镇向心力,使其成为乡村振兴的"龙头"。

从简单的物质环境改善,到以人为本的综合功能提升,根据新型城镇化与协同理论、可持续发展理论,通常认为这个阶段的小城镇发展以"人的需求"为核心导向,面对居民日益增长的物质文化需求,小城镇的发展坚持以经济、生态、社会 3 个方面协调统一为原则,在追求经济效率的同时,关注生态环境和谐与追求社会公平。前者要求产业进一步转型升级,以创新技术、融合三产、延长产业链等为手段,实现成熟的"三二一"产业结构;后两者分别对应居民对优质环境的追求和对美好生活的需求,以完善和优化社会公共服务供给,均衡医疗、教育、金融等设施配置,提升城市人居环境和生态环境为目标。

在这个阶段,经济产业、社会发展、环境改善子系统互相作用、互相促进,达成良好的协调互动关系;经济产业转型与融合发展不断提升居民就业水平与消费能力,居民的消费和生活需求推动公共财政的支出占比,进一步优化城镇社会空间建设和相应服务供给;相关社会配套设施的完善进一步吸引人口、生产要素流入,推动城镇经济发展和产业结构转变,促进第三产业的蓬勃发展;与此同时,对城市生态环境和人居环境提出更高的要求。

## 5.3　小　结

小城镇的高质量特色化发展不仅是小城镇发展水平的提升;与此同时,小城镇各方面系统要素的发展协调性对衡量其高质量发展水平具有重要意义。城镇发展质量水平提升、城镇发展高度协调,共同构成小城镇高质量特色化发展的内涵。

小城镇是一个复杂且庞大的系统,小城镇的发展可以解构为经济产业、社会发展、环境改善、精神文化、制度保障等多个方面的发展,但是在各个小城镇的发展中,占据主导作用的方面都有所不同。因此,在衡量小城镇的发展质量水平时,不仅要通过各系统共同评估整体的发展水平,还要计算各系统要素的具体发展水平,综合两者的关联情况来评价各个城镇的发展质量。

各个子系统间的发展协调性是城镇两两子系统之间的差异化配合,呈现为子系统之间互相配合、协同作用的态势。基于协调发展理论,认为影响系统协调发展的关键在于子系统及构成要素的协同合作,而这种协同作用的实质是子系统之间的关联,因此本书选取了灰色关联度模型,用以更全面地描述各个子系统之间的协调关联度。当某个子系统的发展能有效地带动其他子系统的提升,且能反哺该子系统时,通常被认为具有较高的发展协调性。

# 第6章 小城镇高质量特色化发展评价与解析

## 6.1 小城镇高质量发展评价体系

小城镇高质量发展的评价,由小城镇发展质量水平评价和小城镇发展协调性评价组成:前者能较好地呈现小城镇现阶段在经济、社会、环境等多方面的总体水平高低,对小城镇各方面的发展情况进行描述评价,通常各方面发展水平均较高的小城镇被认为是发展质量较好的;后者则重点强调了小城镇在发展过程中各个子系统的协同作用,在发展中各个子系统能互相作用,能互相推动发展的小城镇通常被认为是具有良性循环的,体现了小城镇在发展中的自组织性和内在协调性。当小城镇同时具备较高的发展质量水平和较高的发展协调性时,通常被认为是高质量发展。因此,本研究基于发展质量水平–协调性的评价计算,构建出完整的小城镇高质量发展评价体系。

### 6.1.1 小城镇高质量发展评价指标体系构建

根据小城镇高质量发展的内涵,本研究从小城镇发展质量水平、发展协调性两个方面评价小城镇高质量发展。基于可测度的角度,由于制度保障和精神文化两个系统要素难以通过物质空间表现进行衡量,因此,本研究主要基于经济产业、社会发展和环境改善等3个子系统构建小城镇高质量发展评价指标体系。考虑到小城镇的统计数据十分有限,现有数据灰度较大,基于数据可获取性和相关指标缺失较多的情况,最终构建包含经济产业、社会发展与环境改善3个系统层、7个要素层、15项具体指标的浙江省小城镇高质量发展评价指标体系(见表6-1)。

经济产业子系统包含经济规模、产业结构两个方面。经济产业是城镇发展的物质基础。经济规模反映了城镇经济发展水平,综合考虑生产和消费两个层面,本研究选取规模以上工业企业数量占比、地均工业企业总产值、人均社会消费品零售总额衡量经济规模。产业结构优化主要体现为经济发展模式的转变,选取每万人拥有的农业技术服务机构从业人员数、第二产业从业人员占比、第三产业从业人员占比,对城镇产业结构的合理性进行考察。

表 6-1　浙江省小城镇高质量发展评价指标体系

| 系统层 | 要素层 | 指标层(单位) |
|---|---|---|
| 经济产业<br>子系统 | 经济规模 | 规模以上工业企业数量占比 $X_1$(%) |
| | | 地均工业企业总产值 $X_2$(万元/平方千米) |
| | | 人均社会消费品零售总额 $X_3$(万元) |
| | 产业结构 | 每万人拥有的农业技术服务机构从业人员数 $X_4$(人) |
| | | 第二产业从业人员占比 $X_5$(%) |
| | | 第三产业从业人员占比 $X_6$(%) |
| 社会发展<br>子系统 | 医疗条件 | 每万人拥有的执业(助理)医师数 $Y_1$(人) |
| | | 每千人拥有的医疗卫生机构床位数 $Y_2$(床) |
| | 教育资源 | 每千个小学生拥有的教师数 $Y_3$(人) |
| | | 每万人拥有的幼儿园、托儿所数 $Y_4$(个) |
| | 商贸服务 | 每万人拥有的营业面积 50 平方米以上的综合商店或超市数 $Y_5$(个) |
| | | 每千人拥有的金融机构网点数 $Y_6$(个) |
| | 文体设施 | 每万人拥有的图书馆、体育馆数 $Y_7$(个) |
| 环境改善<br>子系统 | 生态绿化 | 每万人拥有的公园及休闲健身广场数 $Z_1$(个) |
| | | 建成区绿化面积占比 $Z_2$(%) |

社会发展子系统主要对城镇医疗教育、社会保障、商贸服务、文体设施进行考察。社会服务设施供给是反映小城镇功能的主要载体。城镇社会发展与日常生活密切相关,社会发展应以提高居民生活质量为目的,本研究选取每万人拥有的执业(助理)医师数、每千人拥有的医疗卫生机构床位数表征医疗条件,以每千个小学生拥有的教师数和每万人拥有的幼儿园、托儿所数反映教育资源情况。除了教育、医疗等基本公共服务供给,商贸文体活动也是社会发展的重要方面,采用每万人拥有的营业面积 50 平方米以上的综合商店或超市数、每千人拥有的金融机构网点数反映商贸服务水平,并将每万人拥有的图书馆、体育馆数纳入社

会发展评价指标体系,从文体设施配置层面反映社会发展水平。

环境改善是小城镇可持续发展的必要条件。环境改善子系统主要从生态绿化角度确定指标,包括每万人拥有的公园及休闲健身广场数、建成区绿化面积占比两项指标,城镇公园建设和绿化情况体现了生态环境的改善情况。

## 6.1.2　小城镇发展质量水平评价方法

城镇作为一个复杂庞大的自组织系统,城镇的发展水平提升由经济、社会、环境等多个子系统共同构成,但绝对并非简单的多层数据叠加,因此,在对小城镇发展质量水平展开评价时,为了更好地分析小城镇的发展质量情况,应当同时对小城镇整体发展质量水平、各项子系统自身分别进行计算。通过经济产业、社会发展与环境改善 3 个子系统层,根据计算得出的各项指标权重与其对应的指标标准化值,最后计算得出小城镇发展质量水平及相应的子系统内部得分。

### (1)数据标准化

为消除指标类型和维度对评价结果的影响,对数据进行极值标准化处理,把不同性质、量纲的指标转化为可以相互比较的相对值。本书采取的极值标准化方法如下。

对于正向指标的处理公式:

$$X'_{ij} = \frac{x_{ij} - \min\limits_{1 \leqslant i \leqslant m} x_{ij}}{\max\limits_{1 \leqslant l \leqslant m} x_{ij} - \min\limits_{1 \leqslant i \leqslant m} x_{ij}} \quad (1 \leqslant i \leqslant m, 1 \leqslant j \leqslant n) \tag{6-1}$$

对于逆向指标的处理公式:

$$X'_{ij} = \frac{\max\limits_{1 \leqslant i \leqslant m} x_{ij} - x_{ij}}{\max\limits_{1 \leqslant i \leqslant m} x_{ij} - \min\limits_{1 \leqslant i \leqslant m} x_{ij}} \quad (1 \leqslant i \leqslant m, 1 \leqslant j \leqslant n) \tag{6-2}$$

式(6-1)和(6-2)中:$X'_{ij}$ 为第 $i$ 个小城镇的第 $j$ 项指标标准化值;$x_{ij}$ 为第 $i$ 个小城镇的第 $j$ 项原始指标。

### (2)指标权重确定

本研究采用熵值法确定指标权重。熵值法是最具代表性的客观赋权工具,可以充分利用指标体系中的各项指标,根据指标的相对变化程度对系统的整体影响确定指标权重,在一定程度上避免了主观因素带来的偏差。本研究采用熵值法计算各项指标的权重。

其中,熵值法确定指标权重的计算公式如下。

$$e_j = -k \sum_{i=1}^{m} \left[ \left( \frac{X'_{ij}}{\sum_{i=1}^{m} X'_{ij}} \right) \times \ln \left( \frac{X'_{ij}}{\sum_{i=1}^{m} X'_{ij}} \right) \right] \qquad (6\text{-}3)$$

式(6-3)中:$e_j$ 为第 $j$ 项指标的熵值;$X'_{ij}$ 为第 $i$ 个小城镇的第 $j$ 项指标标准化值;$m$ 为小城镇总数,$k = \dfrac{1}{\ln m}$。

$$P_j = \frac{1-e_j}{\sum_{j=1}^{n}(1-e_j)} \qquad (6\text{-}4)$$

式(6-4)中:$P_j$ 表示第 $j$ 项指标的权重;$n$ 为指标总数。

**(3)小城镇发展质量水平计算**

$$L = \sum_{j=1}^{n}(P_j \times X'_{ij}) \qquad (6\text{-}5)$$

式(6-5)中:$L$ 表示城镇发展质量水平;$P_j$ 表示第 $j$ 项指标的权重;$X'_{ij}$ 为第 $i$ 个小城镇的第 $j$ 项指标标准化值;$n$ 为指标总数。

### 6.1.3　小城镇发展协调互动机制

协调性从两两子系统协同作用的角度反映城镇功能协调程度,这种协同作用实质是子系统之间的关联,因此本研究采用了能较全面分析两两子系统之间多因素相互作用的灰色关联度模型,分别计算两两子系统之间的协调关联度,用以定量评价小城镇子系统之间的协调性。

为便于揭示两两子系统协调关联的主要作用关系和区域之间的关联强度对比,本研究构建了子系统之间的关联度模型和协调性模型。从各个子系统的基础指标入手,进行分析,得出各指标之间的关联系数。

$$\xi_i(j)(t) = \frac{\min_t \min | Z_i^X(t) - Z_j^Y(t) | + \rho \max_i \max_j | Z_i^X(t) - Z_j^Y(t) |}{| Z_i^X(t) - Z_j^Y(t) | + \rho \max_i \max_j | Z_i^X(t) - Z_j^Y(t) |} \qquad (6\text{-}6)$$

式(6-6)中:$Z_i^X$、$Z_j^Y$ 分别为乡镇 $t$ 各个子系统指标的标准化值;$\rho$ 为分辨系数,一般取值 0.5;$\xi_i(j)(t)$ 是乡镇 $t$ 的关联系数。

在计算各系统之间指标的关联系数的基础上,求某单一指标与另一子系统各指标关联系数的平均值,得到两者的关联度模型,其计算公式如下。

$$\gamma_j^{XY} = \frac{1}{l} \sum_{i=1}^{l} \xi_i(j)(i=1,2,\wedge,l;j=1,2,\wedge,m) \qquad (6\text{-}7)$$

式(6-7)中:$\gamma_j^{XY}$ 为 $X$ 子系统中 $j$ 指标与 $Y$ 子系统的关联度;$\xi_i(j)$ 为 $j$ 指标

与 $Y$ 子系统中所有 $i$ 指标的对应关联系数的平均值。根据其大小及其对应的值域范围,可以遴选出对各个子系统最主要的推动指标和约束指标。

为了从整体上判别各个子系统之间的协调性强度,我们在式(6-6)的基础上进一步构造两两子系统之间的协调性模型[式(6-8)]。通过该模型,可以定量评判浙江省小城镇各子系统之间的协调程度,其计算公式如下。

$$C(t) = \frac{1}{m \times l} \sum_{i=1}^{m} \sum_{j}^{l} \xi_i(j)(t) \tag{6-8}$$

式(6-8)中:$m$、$l$ 为各子系统的指标数;$C(t)$ 为协调性。

## 6.2 小城镇发展质量水平特征分析

### 6.2.1 省域层面时间变化特征

1990—2000 年作为小城镇的培育阶段,在这个阶段,乡镇经济发展速度逐渐放缓,经济产业子系统评价逐年走低,社会发展与环境改善子系统存在一定程度的提升,总体而言,小城镇发展质量未出现明显的变化。自改革开放以来,浙江省小城镇依托以"低、小、散"为主要特点的家庭作坊和个体私营企业,在国有企业生产供应不足的情况下,抢占市场,蓬勃发展,实现经济产业在量上的显著提升。自 1992 年开始,浙江省实行"撤区、扩镇、并乡"政策,乡个数由 2406 个降至 950 个,镇个数由 766 个增至 894 个。与此同时,浙江省小城镇经济产业逐渐从量的积累转变为质的提升。受宏观调控的影响,浙江省小城镇改变原有小作坊的分散式家庭生产,转向工业园区的集中发展模式,但是由于城镇基础设施建设落后,产业调整成效尚不明显,经济发展出现短暂的瓶颈期。

2001—2010 年,经济产业子系统成为小城镇整体发展的主要驱动因素,小城镇总体发展质量水平呈现不断上升的态势。在这期间,浙江省小城镇面临地方化改革的重要阶段,对浙江省小城镇进行综合改革试点、中心镇培育、农村现代化建设等众多行动及举措:一方面,进一步使得"低、小、散"的产业格局得到扭转,产业集中化、规模化程度不断提升,小城镇经济产业发展成效显著;另一方面,随着浙江省一系列新农村建设支持性政策的发布,乡村地区的硬件基础设施得到极大改善,推动了乡村地区在生产和交易上的发展,扩大了小城镇产业发展的市场基础。自 2001 年开始,环境改善子系统的水平开始与经济产业子系统、社会发展子系统的水平逐步接近,略低于整体发展质量水平。2003 年,浙江省

89

部署"千村示范、万村整治"工程,以改善农村生态环境为核心,对各村镇的人居环境、生态环境进行整治提升,成效显著。从环境改善子系统评价得分来看,此后,环境改善水平逐步提升,有效弥补了在城镇发展中的环境这一块短板。

自 2011 年开始,环境改善子系统评价首次超越发展质量水平评价,随后保持在较高水平,逐渐接近乃至超过经济产业子系统水平。在这个阶段,社会发展子系统评价始终位于最后,成为小城镇整体发展质量水平提升的主要制约因素。随着城镇化进入新的阶段,对小城镇的发展提出了新的内在要求:产业结构优化升级、居民生活水平提升,生态环境质量改善,基础设施和公共服务优化以及城乡协调互补等多方面综合发展,成为新时代小城镇高质量发展的重要特征和转型趋势。其中,社会发展子系统水平作为小城镇人居适宜性和城镇空间品质的直接表现,标志着小城镇发展质量是否能达到新的高度。如何贯彻"以人为本"的理念,满足城镇居民对于美好生活的需要,实现城市服务高质量供给,有效强化小城镇作为城乡人口"蓄水池"的角色,成为中心城市人口居住和就业的重要吸纳地,共同推进小城镇经济产业的转型提升、人居环境与自然环境的改善,使三者共同发展,是提升小城镇发展质量水平的新的要点。

1990—2020 年浙江省小城镇发展质量水平与各子系统水平时间变化见图6-1。

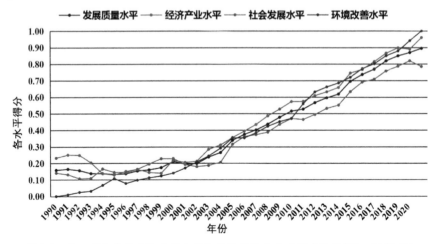

图 6-1　浙江省小城镇发展质量水平与各子系统水平时间变化(1990—2020 年)

## 6.2.2　空间分布特征

### (1)发展质量水平分析

基于小城镇发展质量水平的评价指标体系计算得到小城镇发展质量的总体水平,以 2015 年和 2020 年的乡镇数据为基础(表 6-2)可知,2015 年小城镇发展质量水平平均值为 0.404,标准差为 0.116;2020 年小城镇发展质量水平平均值为 0.410,标准差为 0.120。2015—2020 年,小城镇发展整体朝着更高质量的方向发展,总体水平有一定提升。

表 6-2　浙江省小城镇发展质量水平描述性统计表

| 指标 | 2015 年 | 2020 年 |
|------|---------|---------|
| 平均值 | 0.404 | 0.410 |
| 标准差 | 0.116 | 0.120 |

进一步对浙江省小城镇发展质量水平进行分析,从分级可视化的角度更直观地展现小城镇发展质量水平在空间上的特征。小城镇发展质量水平具有沿杭州、宁波、温州、金义四大都市区高值集聚分布的特点,环杭州湾地区、金义都市区以及浙东南温台沿海地区小城镇发展质量水平较高,浙西南丽水地区和温台内陆地区小城镇发展质量水平相对较低。

小城镇发展质量水平受都市区经济增长极的辐射影响较大,发展质量水平较高的小城镇通常集中分布在四大都市区周边,具有区位、经济与社会等多方面优势。环杭州湾和金义都市圈小城镇呈现明显的高质量发展趋势,高质量发展的小城镇数量显著增加、水平明显提升,并以环都市圈的形式不断向外扩散,辐射带动外部的小城镇发展。浙西南地区和温台内陆地区小城镇受限于自然地形差、交通联系较弱等因素,受核心都市区的辐射影响较小,产业发展基础较为薄弱,城镇发展质量水平与其他地区存在一定差距(见图 6-2)。

进一步从浙江省四大分区和市域两个层面分析小城镇发展质量水平的空间差异,由表 6-3 和表 6-4 可知,浙北地区的嘉兴、湖州以及舟山地区的小城镇发展质量水平明显领先于其他地区,属于城镇发展质量水平较高的区域;其次为杭州、宁波、绍兴、金华、温州等地区,这些地区多为省会城市及重要都市区组成地区、浙中以及沿海地区,地理位置相对优越,城镇发展基础良好,小城镇高质量发展水平仅次于嘉兴、湖州等地;浙东南地区的台州和浙西南地区的衢州、丽水的小城镇发展质量水平低于全省平均水平,说明这些地区小城镇发展短板较为明显,综合发展水平较低。

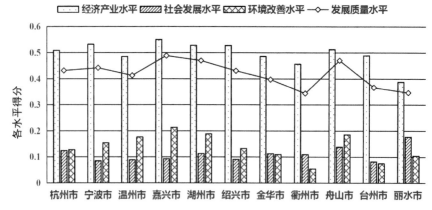

图 6-2　浙江省各地级市小城镇发展质量水平与各子系统水平得分(2015 年)

**表 6-3　浙江省四大区域小城镇发展质量水平**

| 区域 | 小城镇数量 | | 发展质量水平 | |
|---|---|---|---|---|
| | 2015 年 | 2020 年 | 2015 年 | 2020 年 |
| 浙北地区 | 394 | 351 | 0.457 | 0.471 |
| 浙东南地区 | 156 | 203 | 0.389 | 0.389 |
| 浙中地区 | 112 | 105 | 0.397 | 0.415 |
| 浙西南地区 | 226 | 224 | 0.345 | 0.371 |

**表 6-4　浙江省各地级市小城镇发展质量水平**

| 地级市 | 小城镇数量 | | 发展质量水平 | |
|---|---|---|---|---|
| | 2015 年 | 2020 年 | 2015 年 | 2020 年 |
| 杭州市 | 98 | 98 | 0.426 | 0.431 |
| 宁波市 | 88 | 83 | 0.429 | 0.442 |
| 温州市 | 71 | 118 | 0.413 | 0.426 |
| 嘉兴市 | 43 | 42 | 0.488 | 0.501 |
| 湖州市 | 48 | 45 | 0.470 | 0.532 |
| 绍兴市 | 95 | 61 | 0.430 | 0.409 |
| 金华市 | 112 | 105 | 0.397 | 0.415 |

续表

| 地级市 | 小城镇数量 | | 发展质量水平 | |
|---|---|---|---|---|
| | 2015 年 | 2020 年 | 2015 年 | 2020 年 |
| 衢州市 | 83 | 82 | 0.343 | 0.383 |
| 舟山市 | 22 | 22 | 0.470 | 0.465 |
| 台州市 | 85 | 85 | 0.366 | 0.353 |
| 丽水市 | 143 | 142 | 0.346 | 0.360 |

**(2)经济产业水平分析**

　　基于各子系统的指标权重计算得到小城镇子系统的发展水平情况,以 2015 年和 2020 年的乡镇数据为基础,2015 年浙江省小城镇经济产业水平平均值为 0.485,标准差为 0.089;2020 年浙江省小城镇经济产业水平平均值为 0.504,标准差为 0.083。由此可见,近 5 年来,经济产业水平总体呈现上升趋势,离散程度逐年降低。

　　浙江省小城镇经济产业空间布局呈现沿各主要都市区中心城市周边高值集聚、块状分布的特征。总体上,经济产业水平呈现由沿海沿湾地区、金义都市区向西南地区递减的趋势,环杭州湾地区、温台沿海地区和金义都市区周边城镇经济产业水平较高,浙西南地区小城镇经济产业水平较低(图 6-3)。

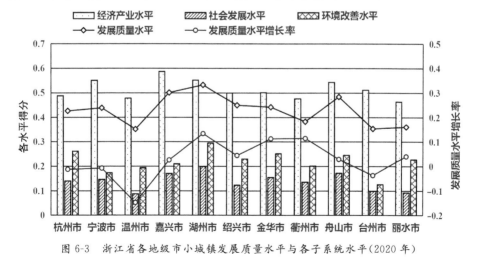

图 6-3　浙江省各地级市小城镇发展质量水平与各子系统水平(2020 年)

　　环杭州湾、沿海地区中心城市周边城镇的经济产业水平普遍较高。此外,浙中城市群周边地区得益于交通便利、产业集聚的优势,浙中小城镇经济产业水平呈现高值集聚、块状分布格局;此类小城镇往往与中心城市联系密切,经济基础良好,能较高程度地承接中心城市的产业转移,得以实现经济的快速发展,呈现经济连片发展、块状集聚的特征。浙西南地区及其周边小城镇的经济产业水平相对较低,发展较为缓慢,此类小城镇的发展往往受限于当地多丘陵的山地地形,与中心城市的经济交通等联系较弱,受辐射带动效果有限。此外,浙西南地区小城镇多以农业、林业等产业为主,第二、三产业基础薄弱,对于人口和资金的吸引力不足,经济发展受限。

**(3)社会发展水平分析**

2015年,浙江省小城镇社会发展水平平均值为0.114,标准差为0.097;2020年浙江省小城镇社会发展水平平均值为0.130,标准差为0.089;近五年来,社会发展水平总体呈现上升趋势。从社会发展水平空间分布格局上看,浙江省小城镇社会发展水平差异较小,但总体发展水平较低,仍有较大的提升空间;环杭州湾地区、浙中金义都市区周边城镇,以及各地级市周边小城镇社会发展水平略高。

社会发展主要通过提供与教育、文化、卫生、体育相关的公共服务满足公众需求,居民对于社会发展的需求随着经济水平和环境品质的提升而扩大,这是小城镇高质量发展过程中迈入新阶段的象征,代表着从物质基础改善向综合功能提升的转变。由分析数据可知,目前浙江省小城镇在社会服务供给层面仍旧存在明显的不足。但是区别于经济产业发展水平沿中心城市周边高值集聚的特点,得益于浙江省全域推进的各项建设行动,以及具有政策性的引导和把控,浙江省全域范围内社会发展趋势整体较为均衡。

2015—2020年城镇社会发展水平在空间上的分布变化趋势:省域范围内总体社会发展水平有一定提升,部分靠近中心城市的小城镇社会发展水平提升显著,受中心城市的辐射影响,在设施建设层面往往基础条件更好,在服务共享方面具有天然的优势;浙中地区及金义都市区周边小城镇的社会发展水平有明显的上升,在美丽城镇等一系列行动计划的引领和指导下,小城镇各项配套设施的合理化和健全化得到进一步促进与提升。

**(4)环境改善水平分析**

2015年,浙江省小城镇环境改善水平平均值为0.126,标准差为0.153;2020年浙江省小城镇环境改善水平平均值为0.215,标准差为0.149;近5年来,环境水平总体呈现更显著的上升趋势。从环境改善水平空间分布格局上看,浙江省小城镇环境改善水平以浙西、浙西南地区相对较高,浙西地区自然生态环境相对优越,生态绿化水平较高;环杭州湾、温台沿海地区环境改善水平相对较低,在生态绿地、公园广场等方面仍有提升的空间。

自"千村示范、万村整治"工程实施以来,浙江省以美丽中国建设为指南,将环境改善提升作为浙江省建设的重要举措和组成部分,2020 年开展的美丽城镇建设也将环境美作为发展理念之一。从 2015—2020 年的小城镇环境改善水平分布变化可见,省域范围内总体的环境改善水平有一定提升;浙西地区、浙西南地区环境改善水平高于浙东、沿海地区,与其原本的地理生态环境有一定联系。

## 6.2.3　小城镇发展质量差异分析

根据城镇发展质量水平和各子系统水平的得分情况,为深入研究浙江省小城镇发展质量差异,需要对小城镇发展质量水平与各子系统的关系做进一步分析。从整体差异层面,对浙江省小城镇各子系统以及发展质量水平的数值差异进行比较。为便于更好地判定各子系统和发展质量水平的离散程度,引入变异系数的概念进行描述性统计分析,变异系数为标准差与平均数的比值,可以消除平均数的不同对多个评价对象变异程度比较的影响。

由表 6-5、表 6-6 可知,经济产业子系统的标准差和变异系数最小,说明浙江省小城镇的经济产业发展水平离散程度较小,且经济产业发展的平均值为子系统之中的最高值。由此可知,浙江省小城镇的经济产业水平普遍较高,且地域差异相对较小,发展较为均衡。环境改善子系统的标准差与经济产业的标准差较为接近,但变异系数明显高于其他子系统,说明相较其他子系统,浙江小城镇环境改善水平的离散程度相对较大,地域差异相对更大。从省域范围来看,浙江省小城镇经济产业水平领先于发展质量,社会和环境发展水平相对滞后于发展质量。

**表 6-5　2015 年浙江省小城镇各子系统水平和发展质量水平描述性统计指标**

| 指标 | 经济产业水平 | 社会发展水平 | 环境改善水平 | 发展质量水平 |
|---|---|---|---|---|
| 最大值 | 1.0000 | 1.0000 | 1.0000 | 1.0000 |
| 最小值 | 0.1000 | 0.1000 | 0.1000 | 0.1000 |
| 平均值 | 0.4838 | 0.1147 | 0.1268 | 0.4031 |
| 标准差 | 0.0901 | 0.1004 | 0.1579 | 0.1165 |
| 变异系数 | 0.1862 | 0.8755 | 1.2455 | 0.2889 |

表 6-6    2020 年浙江省小城镇各子系统水平和发展质量水平描述性统计指标

| 指标 | 经济产业水平 | 社会发展水平 | 环境改善水平 | 发展质量水平 |
|------|------|------|------|------|
| 最大值 | 1.0000 | 1.0000 | 1.0000 | 1.0000 |
| 最小值 | 0.1000 | 0.1000 | 0.1000 | 0.1000 |
| 平均值 | 0.5029 | 0.1311 | 0.2156 | 0.4090 |
| 标准差 | 0.0852 | 0.0915 | 0.1504 | 0.1208 |
| 变异系数 | 0.1693 | 0.6979 | 0.6975 | 0.2954 |

由于城镇发展质量水平与各子系统水平直接相关,因此得分较高的子系统可视为城镇发展质量提升的驱动因素,而得分较低的子系统可看作城镇发展质量提升的制约因素。从浙江省各地级市小城镇发展质量系统的内部构成关系来看,经济产业子系统水平明显高于其他子系统和城镇发展质量水平。根据图表显示,各地级市经济产业子系统得分均高于小城镇发展质量水平平均值,且两者在地级市层面波动趋于一致,说明长期以来,经济产业是浙江省小城镇发展质量的主要驱动因素。在各地级市中,浙北嘉兴、湖州等地小城镇经济产业水平和发展质量水平较高,经济产业对城镇发展质量水平的驱动作用较大。浙江大部分地级市的社会发展在 3 个子系统中处于较低水平,因此在现阶段,社会发展子系统可以看作城镇发展质量水平的制约因素。

2015—2020 年,各地级市的环境改善子系统发展质量水平上升最为显著,以湖州、绍兴、金华、衢州等多个城市为代表,从数据上反映了环境综合整治的显著成果。2015—2020 年,环境改善子系统的水平提升对于小城镇发展质量水平起到了明显的驱动作用,以湖州、绍兴、金华、衢州为例,经过小城镇环境综合整治后,环境改善子系统评分有了较大提升,相应的发展质量水平增长幅度较其他城市也更高。由此进一步论证了前文所提到的社会发展子系统和环境改善子系统对于城镇发展质量水平的制约作用。因此,在实现环境改善子系统发展水平提升时,对小城镇总体发展质量的推动作用是显著的。

根据各地级市 2015—2020 年的发展质量水平增长比可知,嘉兴、湖州、绍兴、金华、舟山、丽水等位于大都市区周边的非核心城市的增长比值大于 0,呈上升趋势。即在横向对比同年各城市的发展速度来看,以上城市发展得更快。而杭州、宁波、温州等大都市区中的核心城市,由于其本身发展速度较为领先,在发展质量水平的上升速度逐渐放缓。随着浙江省共同富裕示范区的建设推动,浙江省小城镇的发展不断向集群化、协同发展的方向迈进,强调扩大核心城市的辐射能力,不断稳定地向外扩散影响,带动广大周边城市地区的发展。

## 6.2.4　小　结

小城镇发展质量水平的评价主要包含总体发展质量水平、构成子系统发展水平,以及两者的差异化情况。基于浙江省小城镇发展质量水平的评价分析,对小城镇现阶段的发展特征进行如下总结。

**(1)小城镇发展质量的主驱动因素随发展阶段的演进而变化**

根据小城镇发展的一般规律,通常经历从由经济产业主导到经济产业与环境改善并重,最终发展到以人的需求为核心,强调社会发展水平的提升。每个阶段的小城镇发展质量水平由多个子系统共同组成,单独的经济发展质量水平或者社会发展质量水平的高低难以代表小城镇的发展质量,经济发展水平高未必代表发展质量水平高,经济发展缓慢未必代表发展质量水平低。

**(2)未来小城镇发展质量提升的主驱动因素将逐渐向社会发展子系统转变**

经济产业子系统作为小城镇发展的首要物质基础,发展水平长期领先于其他子系统,在过去很长一段时间内起着明显的驱动作用。通过 2011—2020 年的数据分析可知,环境改善子系统的提升对小城镇发展质量水平起到了明显的驱动作用;在未来,社会服务的优化提升将促进小城镇成为中心城市人口居住和就业的重要吸纳地,有效强化小城镇作为城乡人口“蓄水池”的角色,随着浙江省小城镇逐步迈入功能完善、供给平衡的社会发展阶段,基本实现小城镇的高质量发展。

**(3)空间上逐渐从都市区化向都市圈化发展**

浙江小城镇的发展质量水平具有沿四大都市区高值集聚分布的特点,都市区周边块状分布明显,并以环都市圈的形式不断向外扩散,辐射带动外部的小城镇发展。浙西南丽水地区和温台内陆地区的小城镇发展质量水平总体较低,仍有待提升。

**(4)小城镇发展极化和差异化的趋势显著**

位于四大都市区中心城区及其周边县市区域的小城镇在人口集聚、社会经济活动和要素流动方面趋势显著,省域小城镇已呈现人口与经济布局的两极分化特征,在空间布局上呈现区域化集中现象。与此同时,小城镇差异化发展的趋势也逐渐凸显。在特色小镇、美丽宜居小镇、美丽城镇、风貌提升等相关工作的开展下,未来,小城镇发展的差异化、特色化发展需求将进一步提升。

### (5)大都市区周边的非核心城市进入发展提质期

以嘉兴、湖州、金华、舟山、丽水等位于大都市区周边的城市为例,同年发展
质量水平增长比明显高于其他中心城市。在要求小城镇发展走向特色化的时
期,浙江省从"十一五"期间开展欠发达乡镇奔小康工程结对帮扶工作,以及政策
性农业保险试点、浙江省农家乐特色村(点)建设工作,到"十二五"期间推进特色
小镇、小城镇环境综合整治、美丽城镇、风貌提升等相关工作,注重挖掘小城镇的
地方化特色,因地制宜地推进经济和社会建设。

## 6.3 小城镇发展协调性特征分析

### 6.3.1 省域层面时间变化特征

小城镇各个子系统之间的发展协调性不仅表现在各自要素相互作用的交错
性和复杂性上,还表现在时空发展的阶段性上。根据灰色关联度模型计算得到
浙江省 1990—2020 年的发展协调性数据,从图 6-4 可以看出各子系统之间发展
协调性的时间变化特点:经济-社会发展协调性呈现较为明显的波动性。一方
面,小城镇社会服务水平通常与其经济基础紧密相连,且往往滞后于经济发展水
平,表明经济和社会协调交互的紧密性;另一方面,说明了在浙江省小城镇经济
发展的不同阶段,对于服务供给、设施配置等方面所提出的要求呈现阶段性变
化。经济-环境发展协调性和社会-环境发展协调性总体变化均呈 U 形曲线,社
会-环境发展协调性总体落后于经济-环境发展协调性。

根据其波动特点,并结合小城镇发展协调的互动机制和阶段性特征分析,以
浙江省小城镇发展情况为例,可以大致将其划分为 3 个阶段。

(1)1990—2000 年为第一阶段,是小城镇经济发展的快速期,经济-环境发
展协调性持续走低。在"小城镇、大战略"的实施下,小城镇从数量的快速扩张逐
渐转向质量的提升,"撤区、扩镇、并乡"政策的实施推动城镇化建设步伐,因此,
城镇经济在量上得到快速的提升。与此同时,使得原本由于乡镇撤并而优化的
社会服务设施供给再次无法满足小城镇发展的需要,自此,经济与社会的协调互
动也在短暂的回升后开始处于较长时间的低水平状态。

(2)2000—2010 年为第二阶段,是浙江省经济与环境的发展协调性呈现明

显的回升期。在这个阶段,小城镇发展开始注重物质环境改善,在"八八战略"、"两美"浙江、"绿水青山就是金山银山"理念的战略引领下,部署"千村示范、万村整治""五水共治""小城镇环境综合整治"等一系列行动,开展环境污染整治行动。经济-社会发展协调性、社会-环境发展协调性仍保持在较低水平,下一阶段社会功能完善将成为推动小城镇高质量发展的中心工作。

(3)2010—2020 年为第三阶段,是各个子系统之间协调性稳定上升的阶段。在"两个高水平""四大建设"等战略引领下,小城镇迎来新时代发展建设转型的关键期,浙江省提出"特色小镇""未来社区""美丽城镇"等一系列行动举措,推动小城镇城乡生活圈的完善,保证基础公共服务设施全覆盖,实现从经济先行,到绿色转型,再到品质提升的阶段转变。

1990—2020 年浙江省小城镇各子系统间协调性时间变化见图 6-4。

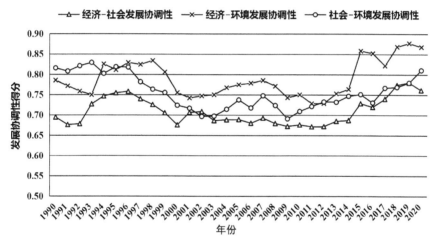

图 6-4　浙江省小城镇各子系统间协调性时间变化(1990—2020 年)

## 6.3.2　省域层面小城镇子系统互动情况分析

根据协调性计算方法得到浙江省小城镇两两子系统间的发展协调性,结果显示省域层面 2015 年经济-社会发展协调性、经济-环境发展协调性分别为0.744 和 0.737,社会-环境发展协调性为 0.824;整体上,协调性表现良好,以社会-环境发展协调性最佳。2020 年,经济-社会发展协调性有了明显的提升,达到 0.811;经济-环境发展协调性、社会-环境发展协调性分别为 0.759 和 0.854,总体有所上升,但程度不高。

由图 6-4 可知,经济产业与社会发展、环境改善子系统之间的互动水平相对较低,是浙江省小城镇发展中长期存在的问题。小城镇经济产业和社会、环境同步发展程度低,与以经济产业为主导的发展模式密切相关,城镇在经济建设过程中往往忽视了社会与环境发展水平的同步提升。尽管 2013 年以来,浙江通过淘汰落后产能、倒逼小城镇转型发展,使传统粗放增长模式得到一定程度的转变,但总体上,城镇产业结构相对低端的特点始终突出,经济发展对环境的污染大,导致经济产业与环境协同发展程度较低。就经济产业与社会发展的互动关系而言,较为初级的产业结构使城镇经济发展相对迟缓,财政收入有限,在社会公共品方面的投入力度不足。此外,教育、医疗等公共服务品供给主要以行政配置为主,以公平为导向;而浙江小城镇自下而上的民营经济发达,关注效率提升的经济产业发展往往难以与社会公共品供给同步协调发展,对照到现实生活中,小城镇社会民生改善相对于经济发展,也往往存在滞后现象。

社会发展与环境改善子系统之间的发展协调性相对水平较高,体现了小城镇整体人居环境与自然环境的良性互动,是浙江省多年来美丽城镇和高质量发展的显著成果。2015 年以来,以"特色小镇"为代表的小城镇成为浙江省新型城镇化和产业转型升级的新动力和重要平台,成为浙江省促进经济转型升级,推动都市区建设和新农村发展的重要着力点。

对各项子系统之间的发展协调性数据进行描述性统计,由表 6-7 可知,2015—2020 年,经济-社会发展协调性的值域范围有明显上升,说明浙江省域内各地区小城镇的经济-社会发展协调性呈现总体上升的态势,标准差在 0.026～0.029 波动,离散程度不大,空间分布上较为均衡;经济-环境发展协调性平均值略微有所上升,值域范围区间增大,标准差增大至 0.055,离散程度变大,各地区小城镇差异性较大,体现为省域范围内小城镇经济-环境发展协调性的极化发展趋势。

表 6-7　浙江省小城镇两两子系统协调性

| 指标 | 经济产业水平<br>(2015 年) | 社会发展水平<br>(2015 年) | 环境改善水平<br>(2015 年) |
|---|---|---|---|
| 经济产业水平(2020 年) | / | 0.744 | 0.737 |
| 社会发展水平(2020 年) | 0.811 | / | 0.824 |
| 环境改善水平(2020 年) | 0.759 | 0.854 | / |

社会发展与环境改善的发展协调性为最高,从表 6-8 可知,社会-环境发展协调性的阈值范围有所缩减,标准差降低,离散程度下降,协调性整体呈现为区

域发展均衡,各地小城镇在社会和环境层面都具有良好的协同互动。全域覆盖的环境整治和美丽城镇建设行动有效缩减了不同经济发展速度下的小城镇之间的社会、环境层面的差异,保证各地小城镇居民都能相对平等地享有完善的社会基础服务和良好的空间品质。

表 6-8　浙江省小城镇两两子系统协调性描述性统计指标

| 指标 | 经济-社会发展协调性 | | 经济-环境发展协调性 | | 社会-环境发展协调性 | |
| --- | --- | --- | --- | --- | --- | --- |
| | 2020 年 | 2015 年 | 2020 年 | 2015 年 | 2020 年 | 2015 年 |
| 最大值 | 0.888 | 0.976 | 0.931 | 0.950 | 0.972 | 0.962 |
| 最小值 | 0.559 | 0.602 | 0.522 | 0.496 | 0.481 | 0.547 |
| 平均值 | 0.744 | 0.811 | 0.737 | 0.759 | 0.825 | 0.854 |
| 标准差 | 0.026 | 0.029 | 0.038 | 0.055 | 0.066 | 0.055 |

## 6.3.3　地级市层面小城镇子系统差异分析

就小城镇两两子系统的发展协调性而言,社会-环境发展协调性始终位于第一。由图6-5可知,2015—2020 年,各地级市的社会-环境发展协调性均得到有效提升,以杭州、丽水、舟山、金华、湖州等城市为代表,实现浙江省域范围内整体小城镇达到社会发展与环境改善良好协调的水平,各地区小城镇之间的社会发展水平和环境改善水平差距明显缩小,向社会服务平等化、空间环境品质化的省域全覆盖目标更进一步,是近年来全省范围内环境综合整治、美丽城镇等建设行动成果的显著体现。

从发展趋势来看,经济-社会发展协调性从 2015 年与经济-环境发展协调性的同等水平,发展到 2020 年的明显上升超过经济-环境发展协调性。从图 6-5～图 6-7 来看,经济-社会发展协调性在这 5 年内总体发展较为均衡,各地级市水平差异不大。经济-环境发展协调性总体上升幅度不大,部分城市上升显著,差异化发展明显。经济产业转型升级不同于社会发展和环境改善,后者依托于政府一系列自上而下的行动计划,在短时间内能取得较好的提升结果。而经济产业作为一切社会发展的基础,从浙江省长期以来的粗放型产业发展模式转型升级,势必是一个长期发展、先进带动落后的过程。从原有小作坊的分散式家庭生产转向工业园区的集中发展模式,从牺牲生态环境谋求工业产值,到以生态优势为产业发展优势,向特色化、专业化转型,是浙江省小城镇经济迈向高质量发展的必经之路。以台州、宁波、嘉兴、绍兴为代表,经济-环境发展协调性展现出明显的提升趋势,是将当地生态环境资源转化为经济优势的典型案例。

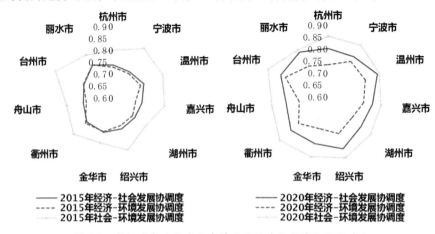

图 6-5　浙江省各地级市小城镇两两子系统发展协调性对比

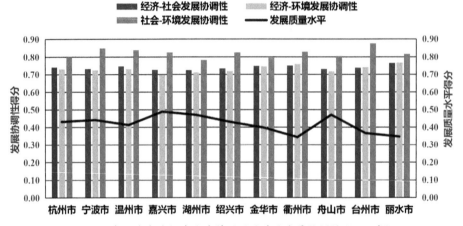

图 6-6　浙江省各地级市小城镇两两子系统发展协调性(2015 年)

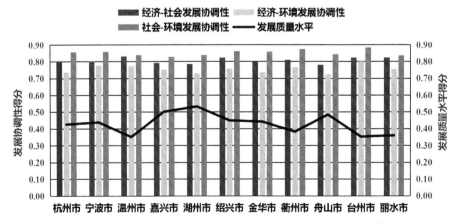

图 6-7　浙江省各地级市小城镇两两子系统发展协调性(2020 年)

## 6.3.4　子系统发展协调性主要因素分析

各个子系统之间的发展协调性基于各个指标要素之间的联系与反馈。为了进一步揭示两系统之间交互协同的机制及主要驱动因素,将各个子系统指标之间的关联度计算结果予以简单平均并进行排序,得到子系统中各个指标与其他子系统的关联度数据,由此可以得出与该子系统交互最为密切的指标。经过计算得出两两子系统各项指标间的关联度都在 0.40 以上,属于中等关联,以 0.70～0.80 为主要值域范围。

从表 6-9 可知,经济产业子系统中人均社会消费品零售总额、第三产业从业人员占比对社会发展的关联作用最为明显,人均社会消费品零售总额关联度的上升反映了浙江省居民经济水平和消费能力的提升,推动了社会相关公共财政的支出,促进了教育、医疗等社会服务的配置优化;第三产业作为以服务业为主的产业类型,则对各方面城镇基础配套设施提出更高的要求,良好的基础设施则能够吸引更多人流,创造更多的消费机会,促进各类服务业的进一步发展。对于环境改善子系统而言,经济产业子系统中除了第二产业从业人员占比以外,总体关联作用处于良好水平。值得注意的是,其中地均工业企业总产值这一项却呈现明显的关联作用,从侧面印证了浙江省小城镇工业产业转型升级、集约化、特色化、高端化发展的趋势。工业园区集中化发展模式的推进,一方面带来的是设施共享、集聚效应和上下游产业链接,地区工业企业产值随之得到显著提升;另一方面是对工业污染有更好的控制,集中管理能有效减少工业废弃物直接排放的情况,改善地区生态环境。

表 6-9　浙江省小城镇子系统协调性矩阵表

| 指标 | | 2015 年 | | | 2020 年 | | |
|---|---|---|---|---|---|---|---|
| | | 经济产业 | 社会发展 | 环境改善 | 经济产业 | 社会发展 | 环境改善 |
| 经济产业 | $X_1$ | / | 0.869 | 0.873 | / | 0.874 | 0.817 |
| | $X_2$ | / | 0.882 | 0.892 | / | 0.895 | 0.813 |
| | $X_3$ | / | 0.882 | 0.867 | / | 0.901 | 0.821 |
| | $X_4$ | / | 0.375 | 0.377 | / | 0.441 | 0.832 |
| | $X_5$ | / | 0.685 | 0.675 | / | 0.852 | 0.467 |
| | $X_6$ | / | 0.773 | 0.748 | / | 0.906 | 0.804 |

续表

| 指标 | | 2015 年 | | | 2020 年 | | |
|---|---|---|---|---|---|---|---|
| | | 经济产业 | 社会发展 | 环境改善 | 经济产业 | 社会发展 | 环境改善 |
| 社会发展 | $Y_1$ | 0.737 | / | 0.806 | 0.813 | / | 0.829 |
| | $Y_2$ | 0.752 | / | 0.868 | 0.824 | / | 0.820 |
| | $Y_3$ | 0.747 | / | 0.872 | 0.838 | / | 0.827 |
| | $Y_4$ | 0.728 | / | 0.790 | 0.766 | / | 0.816 |
| | $Y_5$ | 0.750 | / | 0.861 | 0.810 | / | 0.828 |
| | $Y_6$ | 0.754 | / | 0.894 | 0.799 | / | 0.826 |
| | $Y_7$ | 0.741 | / | 0.891 | 0.831 | / | 0.826 |
| 环境改善 | $Z_1$ | 0.741 | 0.832 | / | 0.780 | 0.842 | / |
| | $Z_2$ | 0.711 | 0.877 | / | 0.739 | 0.807 | / |

## 6.3.5　小　结

小城镇的发展协调性可分解为各个子系统之间的互动关联情况,通过对各个子系统之间发展协调性的描述和对比,体现小城镇的发展协调水平。为更直观全面地展现小城镇的发展协调的互动机制,本章分别从时间维度和空间维度两方面对小城镇的发展协调性进行评价分析,并对其特征和机制进行如下总结。

**(1)阶段性发展特征显著,现阶段发展聚焦于社会综合功能与经济产业、环境生态的协调互动**

从时间维度来看,小城镇发展协调性具有明显的阶段性特征,浙江省小城镇从牺牲生态环境发展经济产业到追求环境质量的提升整治,到目前的经济、环境、社会功能完善;从单一子系统发展为主导,到多个子系统协调共进,为小城镇实现高质量发展的道路提供了有效的参考模式。

**(2)引领性的政府举措在小城镇阶段发展中的重要性不断凸显**

小城镇的发展是多系统自然交互运作的结果,而小城镇的高质量发展是有目的性地对小城镇各个子系统发展调控的最佳结果。浙江省小城镇的发展经历主要可以划分为改革开放以来的自我快速积累阶段和政府调控下的发展转型阶段,从以“撤乡并镇”为代表的小城镇发展培育阶段,到以小城镇环境综合整治行动、美丽城镇计划等政府举措为引导的环境改善阶段,政府的宏观调控对于全域范围内小城镇的环境改善、社会发展子系统的发展有显著作用,对于小城镇发展的协调性和均衡性起着重要的推动作用。

**(3)产业转型升级将为小城镇各子系统的发展持续注入新的动力**

经济始终是小城镇各方面子系统发展的物质基础,保持经济产业的活力是小城镇各方面协调发展的重点。未来,小城镇将朝向高质量、特色化、可持续化的发展趋势前进,以经济产业的领先转型带动各个子系统的发展提升,深化发展特色产业集群,以创新为第一生产驱动力,打造集生产、生活、生态一体化的空间经济平台,使其成为产业创新升级的新载体和推进新型城镇化建设的新抓手;在产业转型升级的同时,社会服务与环境品质在不断变化的新环境和新需求中同步发展。

# 第7章 小城镇高质量发展的阶段优化路径

## 7.1 城镇培育阶段的优化策略

### 7.1.1 阶段特征分析

处于培育阶段的小城镇，主要特征表现为各子系统发展水平相对较低，发展质量水平较低，通常在横向比较中，经济产业水平较为领先，环境改善水平较低，社会发展水平明显滞后于经济产业，小城镇发展处于起步阶段。各个子系统之间处于低水平的协调状态，其中最为显著的是经济-环境发展协调性的低水平状态，早期的粗放型产业发展模式对环境的影响是巨大的。处于该阶段的城镇，其发展质量提升的关键是提高子系统发展水平，在经济发展中应注重提升产业活力，促进产业转型升级，实现产业集群化规模化发展，并促进经济与环境协调发展，注重环境改善与生态保护，提高基础建设水平，保障社会服务均衡供给。

### 7.1.2 总体优化策略

#### (1)提升产业内在活力，促进经济与环境协调发展

此阶段的小城镇在经济发展中应积极扶持地方产业，通过合理的规划明确产业定位，借助城镇独特的自然人文资源，开发旅游产业等特色产业，以良好的产业发展为周边居民提供就业机会，通过产业集聚吸引人口聚集，提升经济发展活力。在产业发展的同时，尤应注重提升人居环境品质，增加公园绿地等体现发展品质的生态设施，改善城镇整体风貌，在经济产业发展的起步阶段加强对企业的污染治理管制，树立生态环境保护理念，避免走"先污染，后治理"的路子，促进经济与环境协调发展。

**(2)提高基础建设水平,拓宽资金来源渠道**

对于培育阶段的小城镇而言,经济产业水平较低、小城镇缺乏建设资金是城镇基础建设水平较低、公共服务品质不高的主要原因,应通过增大政府资金投入力度,引入市场机制,鼓励民间资本参与基础建设和公共服务供给。从政府角度,应发挥其在基础设施建设中的主要作用,通过完善城镇公共财政管理体制、加强政府监督等方式提高基础设施建设效率,以差异化的政策供给满足城镇建设需要;同时有必要改变单一的投资渠道,鼓励并引导多方社会力量参与投资,形成多元化的投入机制,从而拓宽基础建设的资金来源渠道。

**(3)提高社会发展水平,保障社会服务均衡供给**

发展质量水平较低的小城镇,其社会发展子系统发展水平往往较低,公共物品的可及性和公平性不足,降低了城镇的人口吸引力。因此,培育阶段的小城镇应为居民提供便利的生活服务设施,保障公共服务均衡供给,满足居民对公共服务的精细化需求。通过加大城镇医疗教育设施与服务供给力度,在不同生活圈半径范围内提供保障型、普惠型和提升型公共服务,满足教育医疗、文化体育、养老托幼、商业活动等需求。围绕提升城镇综合服务品质,改善乡镇卫生院、区域综合医院的医疗条件,优化城镇教育、文化设施供给,保障社会公共品的公平性,为不同群体提供均等的发展机会。

# 7.2　环境改善阶段的优化策略

## 7.2.1　阶段特征分析

处于环境改善阶段的小城镇,主要特征表现为经济产业子系统发展水平相对较高,环境改善子系统发展水平提升明显,社会发展子系统的发展滞后于其他子系统,城镇发展进入库兹涅茨倒 U 形曲线的后半阶段。随着经济发展水平提升到临界点后,环境污染程度由高趋低,环境质量逐渐得到改善;经济与环境的协调水平回升,但距离高度协调状态仍有一定差距。经济产业与社会发展子系统之间处于低水平的协调状态,随着人均收入的提升,居民日益增长的生产生活需求同城镇的低品质空间之间存在突出的矛盾。处于这个阶段的城镇,其优化提升的关键是实现城镇基础功能合理供给,在公共财政方面加大支出,推动经济与社会协同发展;提高环境保护水平和标准,将环境改善与产业规划相融合,达到较高水平的经济-环境发展协调性。

### 7.2.2　总体优化策略

#### (1)完善基础服务供给,提高经济与社会发展效率

基础服务设施是居民生活、产业发展的必备条件和经济与社会发展的重要支撑。基础建设缺失带来的诸多不便,将制约生活品质提高和经济生产运行。对于此阶段的小城镇而言,完善城镇基础服务设施配置有利于完善城镇基础功能,为提高人口吸纳能力和促进产业发展提供保障。同时,该发展阶段的小城镇空间品质通常不高,居民生活需求以物质需求为主导,因此,在服务设施供给方面,应做到合理配置,以不缺失、保障性为基本原则,以生活生产配套设施为主要组成部分,突出其社会服务功能和流通功能,聚焦于城镇居民在生产和生活上的必要需求,从而提高城镇经济与社会发展效率。

#### (2)提高环境保护水平,发展绿色低碳产业经济

环境改善有利于实现生态资源价值最大化,实现生产、生活、生态有机统一,是城镇实现可持续发展的潜力所在。在经济与社会发展的同时,应提高生态环境保护水平,满足居民对生活环境品质提升的需要。通过制定小城镇环境保护与建设专项规划,加强规划实施的监督管理,深化小城镇环境综合整治,加大生态保护和环境基础设施建设的资金投入,提高居民环境保护意识并倡导可持续的生活方式,多方面合力促进城镇环境保护,尽量避免"走先污染,后治理""先破坏,后恢复"的老路。

为达到更高水平的经济-环境发展协调性,除了单一的环境保护措施以外,还应当以产业发展规划为切入点,实现环境与经济的持续良性互动。在工业层面,积极推动企业发展循环经济,利用政策优惠激励环境友好型产业、绿色产业发展,降低企业能耗与排污强度,避免高投入、高消耗、高污染的经济增长方式;积极引进和发展低污染甚至无污染的工艺和技术,通过清洁生产和循环经济的发展模式,在经济发展与环境改善之间建立可持续发展关系。在第一、第三产业层面,提高对地区特色自然资源、社会人文资源等关联性资源的整合能力,有效利用城镇资源禀赋和特色优势,以特色产业为纽带、金融资本为依托,促进产业规模化、多样化发展,因地制宜地发展生态农业、旅游业等,实现第一、第三产业的融合发展,将生态环境优势转变为发展经济产业的天然优势。

# 7.3　提质转型阶段的优化策略

## 7.3.1　阶段特征分析

处于提质转型阶段的小城镇,各子系统功能较为完善,且整体结构相对均衡,拥有相对优越的生态环境和较好的经济产业基础。在社会发展子系统层面,应进一步关注医疗、文化、教育、体育等社会服务设施的高品质供给、圈层化配置,实现从基本满足到品质生活的转变;经济产业、社会发展、环境改善子系统互相作用、互相促进,形成良好的协调互动关系。在这个阶段,小城镇应利用自身良好的基础条件进一步提升综合功能,不仅关注产业转型、城镇风貌建设、生活环境改善等基础要求,而且将目光放远到历史文化传承、基层制度创新等高阶要求上,更好地发挥对接大中城市、引领乡村振兴的"领头羊"作用。

## 7.3.2　总体优化策略

### (1)优化产业结构,推动产业融合发展

提质转型阶段的小城镇要更好地发挥对接高等级城市、带动周边城镇发展的作用,应推动第一、二、三产业融合发展,不断优化城镇产业结构。既要对传统工业产业进行重组改造和升级,加快淘汰落后产能,提升产业能级;也应以市场为导向,注重第三产业的培育、服务业与现代化农业的结合,构建现代产业体系。通过提高第一产业现代化水平,促进第二产业向更高层次发展,推动产业由加工制造向生产性服务业和生活性服务业转变,拓展第一、二、三产业的关联,提高产业融合发展水平。

### (2)加强社会发展,提高居民生活品质

经济发展对社会发展起到重要的促进作用,社会发展也会反哺经济发展。经济产业与社会发展之间的良性互动是城镇发展质量提升的重要表现。对于提质转型阶段的小城镇而言,加强经济产业与社会生活之间的互动,一方面应强化城镇教育、医疗、文化、生活等社会功能,满足城镇居民基本社会需求;另一方面应使城镇经济产业发展适应居民消费升级现状,以产业结构调整和转型升级促进消费提质,提高居民生活质量。

### (3)利用中心城市辐射效应,优化城镇发展功能

依据小城镇经济产业和发展质量水平沿中心城市周边高值集聚的特征,都市区较强的辐射能力着重体现在经济层面。提质转型阶段的小城镇在发展过程中,应主动承接大都市功能扩散、产业外溢的利好,利用靠近中心城市的比较优势加快经济产业发展,与核心城市形成合理分工、紧密联系的联合发展体,在区域分工与合作的大趋势下找到特色化发展之路。提质转型阶段的小城镇在发展经济的同时,还应优化社会、环境等各方面功能,通过提升社会公共服务和生活质量水平、提高生态环境质量,不断增强对高端要素和人口的吸纳能力。

# 第 8 章 都市节点型小城镇的发展路径和策略分析

## 8.1 区域概况

都市节点型小城镇基本位于省域四大都市区、大湾区、大花园、大通道范围，以及省域中心城市周边，尤其是宁波和嘉兴地区都市节点型小城镇分布较多，发展基础良好、辐射带动能力较强（表 8-1）。都市节点型小城镇有条件发展成为卫星城市或小城市，能够更好地承担起疏解都市区人口、产业、功能等压力的责任。

表 8-1　都市节点型小城镇行政归属表

| 地级市 | 镇、乡 |
|---|---|
| 杭州市 | 义桥镇、瓜沥镇 |
| 宁波市 | 高桥镇、集士港镇、慈城镇、云龙镇、姜山镇、三七市镇、逍林镇、崇寿镇、庵东镇 |
| 温州市 | 鳌江镇、柳市镇 |
| 嘉兴市 | 大桥镇（南湖区）、油车港镇、姚庄镇、许村镇、长安镇、乍浦镇、新塍镇、濮院镇 |
| 湖州市 | 织里镇、乾元镇 |
| 绍兴市 | 店口镇 |
| 金华市 | 孝顺镇、佛堂镇、苏溪镇、横店镇、古山镇 |
| 衢州市 | 航埠镇、廿里镇 |
| 台州市 | 泽国镇、杜桥镇、楚门镇 |
| 丽水市 | 碧湖镇、腊口镇、壶镇镇 |

## 8.2 发展特征

近 90% 的都市节点型小城镇属于发展质量水平中等及以上等级,超过 90% 的城镇处于协调性较高的等级。都市节点型小城镇发展质量水平得分中,以中等发展质量水平的小城镇为主体,其中高桥镇、壶镇镇、航埠镇、腊口镇等城镇的发展质量水平得分较低(表 8-2);但是在协调性上,除航埠镇协调性处于低水平外,其他都市节点型小城镇的协调性均较高,以中等发展协调水平的城镇为主体(见表 8-3)。

**表 8-2 都市节点型小城镇发展质量水平等级及得分表**

| 等级 | 各都市节点型小城镇得分 |
|---|---|
| 高 | 濮院镇(0.6749)、长安镇(0.6573)、乍浦镇(0.6488)、店口镇(0.6246)、楚门镇(0.6093)、姜山镇(0.5944)、大桥镇(0.5902)、柳市镇(0.5708)、泽国镇(0.5562)、织里镇(0.5528)、瓜沥镇(0.5436)、姚庄镇(0.5334)、许村镇(0.5315)、慈城镇(0.5291)、乾元镇(0.5243)、碧湖镇(0.5078) |
| 中 | 油车港镇(0.4917)、逍林镇(0.4908)、横店镇(0.4777)、云龙镇(0.4774)、佛堂镇(0.4708)、崇寿镇(0.4705)、苏溪镇(0.468)、集士港镇(0.4592)、廿里镇(0.4565)、庵东镇(0.4521)、孝顺镇(0.4433)、义桥镇(0.4269)、新埭镇(0.4224)、三七市镇(0.4218)、鳌江镇(0.4191)、古山镇(0.4044)、杜桥镇(0.401) |
| 低 | 高桥镇(0.3991)、壶镇镇(0.3701)、航埠镇(0.3609)、腊口镇(0.3359) |

**表 8-3 都市节点型小城镇发展质量水平及协调性划分标准**

| 指标 | 按发展质量水平划分 | | | 按协调性划分 | | |
|---|---|---|---|---|---|---|
| 划分标准 | $G>0.5$ | $0.4<G\leqslant0.5$ | $G\leqslant0.4$ | $D>0.75$ | $0.65<D\leqslant0.75$ | $D\leqslant0.65$ |
| 个数 | 16 | 17 | 4 | 10 | 26 | 1 |
| 占比 | 43.24% | 45.95% | 10.81% | 27.03% | 70.27% | 2.70% |

## 8.3 动力机制

采用逐步输入的线性回归分析研究都市节点型小城镇发展质量水平与三大公因子的相关性,在发展质量水平与各因子的线性回归分析结果中,当所有变量都进入模型后,调整后的 $R^2$ 为 1,模型拟合度均较高。回归的共线性统计中,容差小于 1,VIF 小于 5,没有多重共线性问题,满足多元线性回归分析的条件。线性回归分析结果如下。

$G$(发展质量水平)$=0.553\times R_1$(经济产业水平)$+0.397\times R_2$(社会发展水平)$+0.587\times R_3$(环境改善水平)

从线性回归分析结果来看,经济产业水平、环境改善水平和发展质量水平之间的相关性最大,社会发展水平的影响程度次之,经济产业水平、环境改善水平的影响程度较为接近。都市节点型小城镇的发展机制与全省小城镇的发展机制较为类似,都市节点型小城镇通常处于小城镇发展的改善乃至提质阶段,在这个阶段,经济发展和环境改善在高质量协调发展过程中共同发挥了关键作用,社会发展水平通常滞后于前两者,对发展质量水平的影响程度较低。

## 8.4　案例分析

### 8.4.1　案例镇基本概况

选取店口镇和义桥镇两个都市节点型案例镇,店口镇是杭州都市区内具有"北承南接"作用的桥头堡,义桥镇则是杭州"南启"的桥头堡,两者区位条件相近,但具有不同的产业优势与资源禀赋。

店口镇位于诸暨市北部,东连绍兴,北接萧山,坐拥白塔湖湿地和杭坞山两大山水资源。距离杭州市区、萧山国际机场车程约 1 小时,交通便利,区位优势明显。店口镇发展铜加工、环保新材料、机电装备等产业,已形成战略性新兴产业集聚地,拥有白塔湖国家级湿地公园,具有发展休闲旅游业的巨大潜力。店口镇是联合国开发计划署试点镇、全国发展改革试点镇、全国重点镇、华东地区首个乡镇级金融安全小区、浙江省首批小城市培育试点镇。

义桥镇地处杭州三江汇流核心区域,距离萧山国际机场约半小时车程,是杭州"南启"的桥头堡,拥有年产值近 102 亿元的五金机械产业和近 60 亿元的床垫布产业,素有中国床垫布名镇(之乡)、中国五金(配件)之乡、中国工具五金之乡的美称。义桥镇也是全国首届小城镇综合发展水平 1000 强、浙江省卫生强镇、浙江省教育强镇、浙江省体育强镇、浙江省综合经济百强乡镇。同时,义桥镇是浙东唐诗之路的重要源头,为国家级生态镇、浙江省森林城镇,毗邻国家 AAAA 级风景旅游区湘湖景区。

### 8.4.2　案例镇在都市节点型小城镇中的发展水平定位

　　店口镇和义桥镇的协调性均属于较高的等级,店口镇的发展质量水平较高,义桥镇的发展质量水平中等,在都市节点型小城镇的发展质量水平排名中,分别为第3位和第28位(见表8-4)。作为具有发展成为卫星城市或小城市的都市节点型小城镇,建设成为宜业、宜居、宜游的现代化城镇是店口镇和义桥镇的发展方向,发展质量水平和协调性的高水平均衡发展,无疑为其未来的进一步发展奠定了良好的基础。

表 8-4　案例镇的发展质量水平及协调性统计表

| 镇 | 发展质量水平得分 | 发展质量水平等级 | 协调性得分 | 协调性等级 |
| --- | --- | --- | --- | --- |
| 店口镇 | 0.6246 | 高 | 0.7489 | 高 |
| 义桥镇 | 0.4269 | 中 | 0.7970 | 高 |

### 8.4.3　案例镇发展水平与动力分析

　　店口镇作为经济强镇,依靠镇内多家民营企业积累了一定的经济基础,在经济产业水平方面居全省前列。同时,店口镇位于诸暨和杭州的交界处,是诸暨融杭接沪的桥头堡。大城市产业外溢效应和辐射效应,进一步推动了店口镇的发展。义桥镇位于杭州萧山区,地处钱塘江、浦阳江、富春江三江汇合处,是闻名遐迩的历史古镇。义桥镇具有地处省会城市和紧邻国家ΑΑΑΑ级风景旅游区湘湖景区的区位优势,在经济发展方面同样实力强劲,深厚的文化底蕴更使其具有可持续发展的坚实基础。在经济高质量发展背景下,店口镇和义桥镇既面临产业转型升级的压力,也注重把握经济向高端化、品牌化转变的契机。店口镇发挥临近杭州的优势,提出建设一个千亿级临杭产业园,发展特色突出和集群优势明显的铜加工产业、环保产业等,借以承接杭州产业转移和加快项目孵化。店口镇在积极打造产业集聚平台、培育科技创新主体的同时,鼓励本地企业与高校、研究院合作,走产学研合作之路。义桥镇拥有五金、床垫布等国字号招牌,利用品牌效应做强服务业经济,发展高附加值产业,利用文化景观优势挖掘旅游产业资源、做优做强旅游经济是义桥镇为提升自身知名度和核心竞争力做出的不懈努力。在人民生活和社会发展方面,店口镇和义桥镇作为浙江省北部经济较发达地区城镇区,居民生活相对富裕,社会服务供给和基础设施建设完善,人居环境改善走在全省前列,进一步促进了经济与社会协调、可持续发展。

## 8.4.4　调研问卷分析

### (1)家庭人口与社会发展

从家庭人员去向看,案例镇家庭平均人数约为 4 人;店口镇相对来说家庭平均人数少于义桥镇。店口镇主要以家庭类型为核心家庭,联合家庭人数较少;义桥镇则以联合家庭为主,老人带孙辈家庭较多。两个镇的家庭平均外出人数相对较少。在社保参与率方面,案例镇社保参与率均较高,义桥镇稍高于店口镇(见表 8-5)。

表 8-5　案例镇的家庭人数及社保参与情况统计表

| 镇 | 家庭平均人数 | 家庭平均常住人数 | 家庭平均外出人数 | 社保参与率 |
|---|---|---|---|---|
| 店口镇 | 3.83 | 2.57 | 0.26 | 80.0% |
| 义桥镇 | 5.67 | 4.10 | 0.63 | 83.3% |

### (2)家庭收入和支出情况

从居民收支水平来看,店口镇家庭年收入以 5 万~10 万元(含 10 万元)为主,但也不乏个别经商家庭年收入在 30 万元以上,而家庭年支出基本上在 3 万~5 万元(含 5 万元)和 5 万~10 万元(含 10 万元)。义桥镇家庭年收入以 10 万~20 万元(含 20 万元)为主,家庭年支出基本上在 5 万~10 万元(含 10 万元)。总体上,义桥镇居民的收入和支出水平均高于店口镇(见表 8-6)。

从家庭支出结构来看,案例中店口镇家庭年支出最多的为饮食方面。居住、交通等占比很少,而家庭日常支出结构和年支出也基本类似。而义桥镇的家庭年支出最多的方面为居住,这与义桥所在的杭州租房价格较高有一定关系(见表 8-6)。也有不少居民尤其是老人反映婚丧嫁娶等人情往来在大笔支出中的占比不小,这与老人的支出习惯有一定关系,但也反映了当地在婚丧风俗上颇有讲究。

表 8-6　案例镇的家庭收入和支出情况统计表

| 镇 | 家庭年收入 | 家庭年支出 | 家庭年支出最多的方面 | 家庭日常支出最多的方面 |
|---|---|---|---|---|
| 店口镇 | 5 万~10 万元(含 10 万元) | 3 万~5 万元(含 5 万元) | 饮食 | 饮食 |
| 义桥镇 | 10 万~20 万元(含 20 万元) | 5 万~10 万元(含 10 万元) | 居住 | 饮食 |

### (3)日常出行与交通工具选择

从日常出行结构来看,店口镇超过1/3的居民将(电动)自行车作为日常方式。公交车和小轿车出行方式的占比均为20%,其余相当一部分居民选择如面包车等其他出行方式。而义桥镇的公交车出行占比和(电动)自行车出行占比较少,均为13.3%,超过一半的居民选择小轿车作为日常出行方式,摩托车及其他出行方式占比约为16.7%(见表8-7)。

表8-7 案例镇的日常出行与交通工具选择统计表

| 镇 | 公交车 | (电动)自行车 | 小轿车 | 步行及其他 |
|---|---|---|---|---|
| 店口镇 | 20.0% | 36.7% | 20.0% | 23.3% |
| 义桥镇 | 13.3% | 13.3% | 56.7% | 16.7% |

### (4)基础设施与公共服务设施

从基础设施和公共服务设施来看,大部分居民对公厕、垃圾收运等环卫设施比较满意或一般满意,绝大多数都市节点型小城镇居民对医疗设施、养老设施的满意度为一般满意。义桥镇居民对环卫设施、医疗养老设施比较满意的占比高于店口镇居民,值得一提的是,超过一半的义桥镇居民对养老设施的满意度为比较满意(见表8-8)。

表8-8 案例镇的基础设施与公共服务设施满意度情况统计表

| | 满意度 | 非常满意 | 比较满意 | 一般满意 | 不太满意 |
|---|---|---|---|---|---|
| 店口镇 | 环卫设施(公厕) | 20.0% | 46.7% | 33.3% | 0 |
| | 环卫设施(垃圾收运) | 6.7% | 36.7% | 50.0% | 6.7% |
| | 镇区医疗设施 | 0 | 23.3% | 63.3% | 13.3% |
| | 镇区养老设施 | 3.3% | 20.0% | 76.7% | 0 |
| 义桥镇 | 环卫设施(公厕) | 10.0% | 70.0% | 13.3% | 6.7% |
| | 环卫设施(垃圾收运) | 6.7% | 56.7% | 33.3% | 6.7% |
| | 镇区医疗设施 | 0 | 23.3% | 63.3% | 3.3% |
| | 镇区养老设施 | 6.7% | 53.3% | 40.0% | 0 |

## 8.5 发展策略

都市节点型小城镇基本位于省域四大都市区、大湾区、大花园、大通道范围,以及省域中心城市周边,发展基础良好、辐射带动能力较强,有条件发展成为卫星城市或小城市。都市节点型小城镇发展质量水平和发展协调性普遍相对较好,经济产业、环境改善、社会发展水平是影响其高质量发展的主要因素。未来,都市节点型小城镇应承担起疏解都市区人口、产业、功能等压力的责任。同时,充分考虑与乡村对接、实现城乡一体化,实现城镇各系统的协同发展。

第9章　县域副中心型小城镇的发展路径和策略分析

## 9.1　区域概况

县域副中心小城镇除了舟山市只有白泉镇一个外,其他中心城市周边县域副中心型小城镇分布较为均匀(见表 9-1)。

表 9-1　县域副中心型小城镇行政归属表

| 地级市 | 镇、乡 |
|---|---|
| 杭州市 | 塘栖镇、瓶窑镇、新登镇、於潜镇、昌化镇、分水镇、汾口镇、梅城镇、寿昌镇 |
| 宁波市 | 石浦镇、西店镇、泗门镇、马渚镇、观海卫镇、周巷镇 |
| 温州市 | 水头镇、珊溪镇、泗溪镇、雅阳镇、塘下镇、马屿镇、陶山镇、大荆镇、虹桥镇 |
| 嘉兴市 | 王江泾镇、西塘镇、黄湾镇、崇福镇 |
| 湖州市 | 双林镇、练市镇、菱湖镇、新市镇、泗安镇、孝丰镇、梅溪镇 |
| 绍兴市 | 丰惠镇、儒岙镇、枫桥镇、牌头镇、甘霖镇、黄泽镇 |
| 金华市 | 白龙桥镇、傅村镇、桐琴镇、黄宅镇、尖山镇、上溪镇 |
| 衢州市 | 球川镇、芳村镇、华埠镇、马金镇、湖镇镇、溪口镇(龙游县)、峡口镇、贺村镇 |
| 舟山市 | 白泉镇 |
| 台州市 | 院桥镇、金清镇、健跳镇、平桥镇、横溪镇(仙居县)、大溪镇、松门镇、箬横镇、白水洋镇 |
| 丽水市 | 温溪镇、船寮镇、新建镇、舒洪镇、古市镇、八都镇、安仁镇 |

## 9.2　发展特征

近 70％的县域副中心型小城镇发展质量水平为中等及以上,协调性水平均为中等及以上。县域副中心型小城镇发展质量水平得分中,孝丰镇、溪口镇、枫桥镇、院桥镇、水头镇、平桥镇、王江泾镇、菱湖镇、安仁镇、芳村镇、横溪镇(仙居县)、儒岙镇、峡口镇、箬横镇、白泉镇、丰惠镇、马屿镇、球川镇、马金镇、白水洋镇、健跳镇、雅阳镇、八都镇、泗溪镇、船寮镇、上溪镇的发展质量水平较低。协调性中等的县域副中心型小城镇分别为桐琴镇、峡口镇、瓶窑镇、西店镇、分水镇、崇福镇、塘栖镇、虹桥镇、白泉镇、芳村镇、双林镇、甘霖镇、观海卫镇、黄湾镇、傅村镇、西塘镇、古市镇、横溪镇(仙居县)、菱湖镇、练市镇、牌头镇、塘下镇、白龙桥镇、湖镇镇、上溪镇、昌化镇、健跳镇、华埠镇、汾口镇、泗门镇、王江泾镇、泗安镇、新登镇、周巷镇、梅城镇、温溪镇、石浦镇、寿昌镇、金清镇,其他县域副中心型小城镇发展质量水平和协调性均为较高等级。县域副中心型小城镇具有沿中心区县周边分布的特点,总体上发展质量水平在中等及以上的小城镇占主体部分(见表 9-2、表 9-3)。

表 9-2　县域副中心型小城镇发展质量水平等级及得分表

| 水平等级 | 各县域副中心型小城镇得分 |
| --- | --- |
| 高 | 湖镇镇(0.6347)、周巷镇(0.6326)、汾口镇(0.6247)、塘栖镇(0.6009)、白龙桥镇(0.5595)、牌头镇(0.5510)、瓶窑镇(0.5455)、西塘镇(0.5428)、双林镇(0.5426)、新市镇(0.5393)、新登镇(0.5253)、黄宅镇(0.5243)、崇福镇(0.5234)、分水镇(0.5182)、黄湾镇(0.5134)、塘下镇(0.5075)、陶山镇(0.5073)、观海卫镇(0.5069)、贺村镇(0.5024) |
| 中 | 西店镇(0.4836)、桐琴镇(0.4809)、大溪镇(0.4767)、昌化镇(0.4706)、甘霖镇(0.4703)、泗门镇(0.4649)、梅城镇(0.4613)、新建镇(0.4552)、於潜镇(0.4541)、舒洪镇(0.4496)、泗安镇(0.4451)、石浦镇(0.4444)、珊溪镇(0.4415)、黄泽镇(0.4385)、温溪镇(0.4376)、古市镇(0.4350)、大荆镇(0.4331)、傅村镇(0.4298)、练市镇(0.4284)、松门镇(0.4281)、梅溪镇(0.4231)、华埠镇(0.4203)、马渚镇(0.4192)、尖山镇(0.4133)、寿昌镇(0.4116)、金清镇(0.4101)、虹桥镇(0.4020) |

续表

| 水平等级 | 各县域副中心型小城镇得分 |
|---|---|
| 低 | 孝丰镇(0.3924)、溪口镇(0.3888)、枫桥镇(0.3846)、院桥镇(0.3815)、水头镇(0.3809)、平桥镇(0.3797)、王江泾镇(0.3767)、菱湖镇(0.3754)、安仁镇(0.3748)、芳村镇(0.3709)、横溪镇(0.3709)、儒岙镇(0.3641)、峡口镇(0.3631)、箬横镇(0.3610)、白泉镇(0.3594)、丰惠镇(0.3539)、马屿镇(0.3396)、球川镇(0.3387)、马金镇(0.3275)、白水洋镇(0.3257)、健跳镇(0.3249)、雅阳镇(0.3228)、八都镇(0.3124)、泗溪镇(0.3100)、船寮镇(0.3088)、上溪镇(0.0151) |

表 9-3　县域副中心型小城镇发展质量水平及协调性划分标准

| 指标 | 按发展质量水平划分 | | | 按协调性划分 | | |
|---|---|---|---|---|---|---|
| 划分标准 | $G>0.5$ | $0.4<G\leqslant0.5$ | $G\leqslant0.4$ | $D>0.75$ | $0.65<D\leqslant0.75$ | $D\leqslant0.65$ |
| 个数 | 19 | 27 | 26 | 33 | 39 | 0 |
| 占比 | 26.39% | 37.50% | 36.11% | 45.83% | 54.17% | 0 |

# 9.3　动力机制

采用逐步输入的线性回归分析研究县域副中心型小城镇发展质量水平与三大公因子的相关性,在发展质量水平与各因子的线性回归分析结果中,当所有变量进入模型后,调整后的 $R^2$ 为1,模型拟合度均较好。线性回归的共线性统计中容差小于1,VIF 小于5,没有多重共线性问题,满足多元线性回归分析的条件。线性回归分析结果如下。

$G$(发展质量水平)$=0.628\times R_1$(经济产业水平)$+0.400\times R_2$(社会发展水平)$+0.589\times R_3$(环境改善水平)

从线性回归分析的结果来看,和都市节点型小城镇相似,经济产业水平对县域副中心型小城镇的发展质量水平的相关性最大,环境改善水平对发展质量水平的影响次之,社会发展水平对发展质量水平的影响程度最小。总体上,环境改善水平和社会发展水平的提升对县域副中心型小城镇发展的影响大于对都市节点型小城镇的影响。由此可见,县域副中心小城镇在发展速度和发展阶段上轻微落后于都市节点型小城镇,在环境改善和社会服务上仍有较大的发展空间。

## 9.4　案例分析

### 9.4.1　案例镇基本概况

选取梅城镇、新登镇及寿昌镇 3 个县域副中心型案例镇。案例镇作为原先府治或县治的所在地,现今已发展成为区县的副中心,发挥着一定的经济、文化和商贸功能。其中,梅城镇、新登镇均入选 2021 年浙江省发展改革委第一批千年古城复兴试点建设名单,寿昌镇入选 2021 年杭州市级千年古城复兴试点建设名单。

梅城镇地处建德市东部,富春江、新安江、兰江三江汇合处,为古严州府治所在地。梅城镇是建德市的经济重镇,经济总量在建德市保持领先地位,先后被评为国家千强镇、浙江省首批中心城镇、浙江省绿色小城镇、浙江省卫生城镇、浙江省社会治安先进镇和浙江省级教育强镇。

新登镇位于杭州市富阳区西部,与桐庐县、临安区接壤,是杭州市富阳区的副中心,原为新登县政府所在地,是富阳西部地区的经济、文化和商贸中心。新登镇历史悠久、人文荟萃,地处"三江一湖"黄金旅游线上,拥有目前浙江省内保存最完整的古城墙之一,入选浙江省首批小城市培育试点镇。

寿昌镇地处建德市西南部,是浙江省西部千年古镇、省级中心城镇,为原寿昌县县治。地理位置优越,交通便利,境内拥有铁路、公路、航空三位一体的交通网络体系。集空运、护林、娱乐等功能于一体的千岛湖通用机场建成启用,铁路金千线(金华—千岛湖)横穿境内,杭新景高速公路于 2006 年底正式通车,320、330 国道经开发区中心交会而过,是通往杭州、金华、衢州等大中城市的中心枢纽。

### 9.4.2　案例镇在县域副中心型小城镇中的发展水平定位

梅城镇、新登镇和寿昌镇的发展质量水平和协调性均属于中等及以上等级,在县域副中心型小城镇的发展质量水平中排名分别为第 26 位、第 11 位和第 44位,具有较强的区域中心功能(见表 9-4)。

表 9-4　案例镇的发展质量水平及协调性统计表

| 镇 | 发展质量水平得分 | 发展质量水平等级 | 协调性得分 | 协调性等级 |
|---|---|---|---|---|
| 梅城镇 | 0.4613 | 中 | 0.7430 | 中 |
| 新登镇 | 0.5353 | 高 | 0.7387 | 中 |
| 寿昌镇 | 0.4116 | 中 | 0.7482 | 中 |

### 9.4.3　案例镇发展水平与动力分析

梅城镇在改革开放后,积极抓住发展趋势,使经济建设和社会事业的发展都取得不俗的成果。如今,梅城镇进一步坚持"工业强镇""农业增效""旅游兴镇""项目带动"和"可持续发展"战略,在浙江省美丽城镇发展建设背景下,大力发展第三产业,加大城镇建设力度,以期通过商贸旅游、效益农业的突破来实现城镇新面貌,推进各项事业的协调发展。支撑企业主要有低压电器产业、医药化工产业等,并通过招商引资引进了较大项目。

新登镇作为富阳西部地区的经济、文化和商贸中心。一方面,新登镇通过鼓励引导企业发展产业链经济,通过技术创新和管理创新加快产业转化升级,加快机器制造业发展,以期形成各主导产业齐头并进的良好发展格局。另一方面,近年来新登半山桃花节名气逐渐增大,从解决农产品销售、打响品牌转向了推介乡村游。近年来,新登镇紧紧抓住 G20 杭州峰会的重大机遇,结合省市重大交通基础设施建设、产业转移,推动小城镇建设向纵深谋划,重点突破环境、产业、乡村三大重构,建设古韵田园小城市。

寿昌镇现已形成以建材、机械、化工和服装为主的工业布局,产业基础雄厚,也是建德市主要的水泥生产地。第一产业发展潜力巨大,拥有板栗基地,以及省优、部优产品山茶油、茶叶和土鸡等。另外,毛竹、楠木等林业资源和碳酸钙等矿产资源也特别丰富,农业产业化程度不断提高。积极实施"工业强镇、生态立镇、三产兴镇"战略。近年来,随着小城镇建设进程的不断加快,第三产业发展迅速,商贸活跃。

### 9.4.4　调研问卷分析

#### (1)家庭人口与社会发展

从家庭人员的去向看,案例镇居民家庭平均人数为 3～5 人,家庭平均常住人数为 3～4 人。梅城镇的家庭平均人数小于新登镇和寿昌镇,家庭结构较为简单。案例镇家庭平均外出人数为 1 人,新登镇的家庭平均外出人数达到 1.55人。在社保参与率方面,新登镇所调研的样本中,社保参与率达到 100%,梅城镇与寿昌镇的社保参与率都在 72%左右,这可能与地方政府的社保政策、政府的公共职能相关。总体上看,案例镇均拥有较高的社保参与率(见表 9-5)。

表 9-5　案例镇的家庭人数及社保参与情况统计表

| 镇 | 家庭平均人数 | 家庭平均常住人数 | 家庭平均外出人数 | 社保参与率 |
|---|---|---|---|---|
| 梅城镇 | 3.64 | 3.06 | 0.58 | 72.7% |
| 新登镇 | 5.14 | 3.59 | 1.55 | 100.0% |
| 寿昌镇 | 4.65 | 3.74 | 0.91 | 72.1% |

### (2)家庭收入和支出情况

从家庭的年收入水平来看,梅城镇和新登镇的家庭年收入大部分都达到 10万～20 万元的水平;寿昌镇也达到 5 万～10 万元的水平。而在年支出水平方面,新登镇和寿昌镇在 5 万～10 万元的水平;而梅城则较高,达到 10 万～30 万元的水平(见表 9-6)。

从家庭支出结构上看,梅城镇年支出占比依次为饮食、文化教育和居住;新登镇的年支出占比中,居住远大于饮食;寿昌镇的支出情况中,文化教育、饮食和居住占比最高(见表 9-6)。

表 9-6　案例镇的家庭收入和支出情况统计表

| 镇 | 家庭年收入 | 家庭年支出 | 家庭年支出最多的方面 | 家庭日常支出最多的方面 |
|---|---|---|---|---|
| 梅城镇 | 10 万～20 万元 | 10 万～20 万元 | 饮食 | 饮食 |
| 新登镇 | 10 万～20 万元 | 5 万～10 万元 | 居住 | 居住 |
| 寿昌镇 | 5 万～10 万元 | 5 万～10 万元 | 文化教育 | 饮食 |

### (3)日常出行与交通工具选择

从居民日常出行结构来看,梅城镇 1/3 的居民外出选择小轿车,占比最大的为步行及其他方式;新登镇大部分居民选择(电动)自行车为主要出行方式,并且选择公交车的比例在 3 个案例镇中最低;寿昌镇有近一半的居民选择小轿车作为日常出行方式,另外,有近 1/3 的居民出行选择步行及其他方式(见表 9-7)。

表9-7　案例镇的日常出行与交通工具情况统计表

| 镇 | 公交车 | （电动）自行车 | 小轿车 | 步行及其他 |
|---|---|---|---|---|
| 梅城镇 | 9.1% | 12.1% | 36.4% | 42.4% |
| 新登镇 | 4.5% | 77.3% | 9.1% | 9.1% |
| 寿昌镇 | 11.6% | 11.6% | 44.2% | 32.6% |

### (4)基础设施与公共服务设施

从县域副中心型小城镇的整体调研情况来看,大部分居民对基础设施和公共服务设施都比较满意。其中,梅城镇的环卫设施和医疗设施的满意度都较另外两个案例镇低;寿昌镇对环卫设施和医疗设施等非常满意的比例也较高(见表9-8)。

表9-8　案例镇的基础设施与公共服务设施满意度情况统计表

| | 满意度 | 非常满意 | 比较满意 | 一般满意 | 不太满意 |
|---|---|---|---|---|---|
| 梅城镇 | 环卫设施（公厕） | 12.1% | 51.5% | 30.3% | 6.1% |
| | 环卫设施（垃圾收运） | 18.2% | 54.5% | 21.2% | 6.1% |
| | 镇区医疗设施 | 3.0% | 57.6% | 30.3% | 9.1% |
| | 镇区养老设施 | 3.0% | 57.6% | 39.4% | 0% |
| 新登镇 | 环卫设施（公厕） | 0% | 70.5% | 29.5% | 0% |
| | 环卫设施（垃圾收运） | 0% | 86.4% | 13.6% | 0% |
| | 镇区医疗设施 | 0% | 88.6% | 11.4% | 0% |
| | 镇区养老设施 | 0% | 88.6% | 11.4% | 0% |
| 寿昌镇 | 环卫设施（公厕） | 32.5% | 44.2% | 23.3% | 0% |
| | 环卫设施（垃圾收运） | 41.9% | 37.3% | 18.6% | 2.2% |
| | 镇区医疗设施 | 27.9% | 46.5% | 25.6% | 0% |
| | 镇区养老设施 | 27.9% | 44.1% | 27.9% | 0% |

## 9.5　发展策略

县域副中心型小城镇在区域中行使了一定职能,在发展策略上,应从环境整治、产业提升、城市管理、人文宣传等方面联动的角度系统地提出县域副中心型小城镇规划的总体框架和行动策略,旨在促进美好人居环境与和谐社会氛围的创建,为县域副中心型小城镇规划提供借鉴。发挥"规划引领、统筹全局、示范带动"的积极作用,既有利于强化城镇功能,提高城市综合实力,又有利于彰显生态、人文特色,促进人居环境改善和提升居民幸福感,为实现小城镇高质量发展提供可借鉴的样板。

# 第 10 章　特色型小城镇的发展路径和策略分析

　　各类特色型小城镇样本中,文旅特色型小城镇超过 50%,商贸特色型小城镇不足 4%,工业特色型小城镇约占 15%,农业特色型小城镇约占 25%。

　　从表 10-1 可知,将近 20% 和约 50% 的特色型小城镇属于发展质量水平较高和协调性较高等级。发展质量水平较高的城镇中,以文旅特色型小城镇居多,其次是工业特色型小城镇、农业特色型小城镇,商贸特色型小城镇最少,这与商贸特色型小城镇本身较少有关,且商贸特色型小城镇和工业特色型小城镇中仅有 1 个协调性较低的城镇,农业特色型小城镇中没有协调性较低的城镇。近 50% 的特色型小城镇发展质量水平中等,99% 左右的特色型小城镇协调性中等,且发展质量水平中等的城镇以占比较大的文旅特色型小城镇和农业特色型小城镇为主。其余 50% 左右的特色型小城镇的发展质量水平较低,其中文旅特色型和农业特色型小城镇占了大多数。

表 10-1　特色型小城镇发展质量水平及协调性划分标准

| 指标 | 按发展质量水平划分 | | | 按协调性划分 | | |
|---|---|---|---|---|---|---|
| 划分标准 | $G>0.5$ | $0.4<G\leqslant0.5$ | $G\leqslant0.4$ | $D>0.75$ | $0.65<D\leqslant0.75$ | $D\leqslant0.65$ |
| 个数 | 93(40、4、25、24) | 134(73、5、21、35) | 296(172、10、33、81) | 270(151、11、38、70) | 248(131、7、40、70) | 5(3、1、1、0) |
| 占比 | 17.78% | 25.62% | 56.60% | 51.63% | 47.42% | 0.956% |

　　注:"个数"一栏中数据为总体个数(文旅特色型小城镇个数、商贸特色型小城镇个数、工业特色型小城镇个数、农业特色型小城镇个数)。

　　采用逐步输入的线性回归分析研究特色型小城镇发展质量水平与三大公因子的相关性,在发展质量水平与各因子的线性回归分析结果中,当所有变量都进入模型后,调整后的 $R^2$ 为 0.965,模型拟合度均较高。线性回归的共线性统计中,容差小于 1,VIF 小于 5,没有多重共线性问题,满足多元线性回归分析的条件。线性回归分析结果如下。

$G$(发展质量水平)$=0.551\times R_1$(经济产业水平)$+0.448\times R_2$(社会发展水平)$+0.556\times R_3$(环境改善水平)

从线性回归分析结果来看,经济产业水平、环境改善水平与特色型小城镇发展质量水平的相关性较大,社会发展水平对城镇发展质量水平影响程度次之。这说明在特色型小城镇中,经济水平的提升与环境品质的不断完善是其高质量发展的基础,同时,良好的社会服务设施供给将有力促进特色型小城镇经济、社会和环境协调发展,进一步助推城镇高质量发展。

# 10.1　文旅特色型小城镇

## 10.1.1　区域概况

浙江省文旅特色型小城镇行政归属见表 10-2。

**表 10-2　文旅特色型小城镇行政归属表**

| 地级市 | 镇、乡 |
| --- | --- |
| 杭州市 | 楼塔镇、河上镇、戴村镇、进化镇、径山镇、鸬鸟镇、百丈镇(余杭区)、洞桥镇(富阳区)、渌渚镇、常绿镇、常安镇、龙门镇、环山乡、河桥镇、湍口镇、清凉峰镇、天目山镇、瑶琳镇、莪山畲族乡、合村乡、石林镇、威坪镇、姜家镇、梓桐镇、中洲镇、枫树岭镇、里商乡、富文乡、屏门乡、宋村乡、界首乡、安阳乡、乾潭镇、大慈岩镇 |
| 宁波市 | 鄞江镇、龙观乡、澥浦镇、九龙湖镇、东钱湖镇、东吴镇、溪口镇(奉化区)、裘村镇、大堰镇、松岙镇、墙头镇、新桥镇(象山县)、茅洋乡、力洋镇、岔路镇、前童镇、大佳何镇、强蛟镇、深甽镇、茶院乡、大隐镇、梁弄镇、大岚镇、四明山镇、匡堰镇 |
| 温州市 | 山福镇、泽雅镇、大门镇、鹿西乡、大若岩镇、岩头镇(永嘉县)、枫林镇、岩坦镇、沙头镇、鹤盛镇、腾蛟镇、山门镇、顺溪镇、南雁镇、南麂镇、凤卧镇、怀溪镇、藻溪镇、桥墩镇、矾山镇、炎亭镇、莒溪镇、霞关镇、百丈漈镇、南田镇、西坑畲族镇、巨屿镇、玉壶镇、岊口镇、铜铃山镇、双桂乡、公阳乡、司前畲族镇、百丈镇(泰顺县)、筱村镇、南浦溪镇、西旸镇、竹里畲族乡、凤垟乡、大安乡、高楼镇、曹村镇、平阳坑镇、北麂乡、仙溪镇、雁荡镇、清江镇、蒲岐镇、龙西乡、淡溪镇、岭底乡 |
| 嘉兴市 | 凤桥镇、大云镇、沈荡镇、澉浦镇、盐官镇、乌镇镇 |
| 湖州市 | 妙西镇、善琏镇、和孚镇、莫干山镇、小浦镇、水口乡、鄣吴镇、杭垓镇、报福镇、章村镇、天荒坪镇、溪龙乡、上墅乡、山川乡 |

续表

| 地级市 | 镇、乡 |
|---|---|
| 绍兴市 | 长塘镇、上浦镇、岭南乡、陈溪乡、镜岭镇、赵家镇、马剑镇、五泄镇、东白湖镇、崇仁镇、金庭镇、下王镇、贵门乡 |
| 金华市 | 罗店镇、雅畈镇、安地镇、琅琊镇、汤溪镇、罗埠镇、曹宅镇、赤松镇、源东乡、柳城畲族镇、履坦镇、桃溪镇、荄道镇、俞源乡、西联乡、白马镇、郑宅镇、大畈乡、虞宅乡、仁川镇、大盘镇、方前镇、玉山镇、冷水镇、双峰乡、双溪乡、窈川乡、盘峰乡、游埠镇、诸葛镇、赤岸镇、大陈镇(义乌市)、虎鹿镇、歌山镇、湖溪镇、前仓镇、舟山镇、方岩镇、西溪镇、花街镇、芝英镇 |
| 衢州市 | 七里乡(柯城区)、九华乡、沟溪乡、石室乡、峡川镇、全旺镇、大洲镇、后溪镇、湖南镇、杜泽镇、太真乡、双桥乡、青石镇、何家乡、大桥头乡、东案乡、苏庄镇、齐溪镇、中村乡、长虹乡、音坑乡、小南海镇、塔石镇、罗家乡、庙下乡、石佛乡、社阳乡、大街乡、沐尘畲族乡、新塘边镇、廿八都镇、石门镇(江山市)、大陈乡、碗窑乡、保安乡、张村乡(江山市) |
| 舟山市 | 桃花镇、东极镇、普陀山镇、岱东镇、秀山乡、洋山镇、五龙乡、花鸟乡 |
| 台州市 | 大陈镇(椒江区)、沙埠镇、屿头乡、平田乡、亭旁镇、蛇蟠乡、石梁镇(天台县)、街头镇、龙溪乡(天台县)、南屏乡、白塔镇、淡竹乡、蟠滩乡、新河镇、石塘镇、城南镇、石桥头镇、坞根镇、汇溪镇、括苍镇、尤溪镇、桃渚镇、干江镇、鸡山乡、海山乡 |
| 丽水市 | 大港头镇、老竹畲族镇、北山镇、山口镇、大源镇(缙云县)、前路乡、溶江乡、大柘镇、王村口镇、三仁畲族乡、濂竹乡、高坪乡、湖山乡、蔡源乡、焦滩乡、龙洋乡、坡口乡、玉岩镇、大东坝镇、新兴镇、三都乡、四都乡、安民乡、崇头镇、石塘镇(云和县)、紧水滩镇、安溪畲族乡、赤石乡、百山祖镇、举水乡、大均乡、大漈乡、上垟镇、小梅镇、住龙镇、宝溪乡、竹垟畲族乡 |

## 10.1.2 发展特征

如表 10-3 所示,有近 50% 和 90% 以上的文旅特色型小城镇发展质量水平和协调性处于中等及以上的等级,尽管一半以上的文旅特色型小城镇的发展质量水平较低,但文旅特色型小城镇的协调性水平均基本在中等及以上等级。

表 10-3 文旅特色型小城镇发展质量水平及协调性划分标准

| 指标 | 按发展质量水平划分 | | | 按协调性划分 | | |
|------|------|------|------|------|------|------|
| 划分标准 | $G>0.5$ | $0.5<G\leqslant0.4$ | $G\leqslant0.4$ | $D>0.75$ | $0.65<D\leqslant0.75$ | $D\leqslant0.65$ |
| 个数 | 40 | 73 | 172 | 151 | 131 | 3 |
| 占比 | 14.04% | 25.61% | 60.35% | 52.98% | 45.96% | 1.05% |

注：蒲岐镇、龙西乡、平阳坑镇、公阳乡 4 个乡镇基础数据缺失，未纳入以上评分表内。

## 10.1.3 动力机制

采用逐步输入的线性回归分析研究文旅特色型小城镇发展质量水平与三大公因子的相关性，在发展质量水平与各因子的线性回归分析结果中，当所有变量都进入模型后，调整后的 $R^2$ 为 1，模型拟合度均较高。线性回归的共线性统计中，容差小于 1，VIF 小于 5，没有多重共线性问题，满足多元线性回归分析的条件。线性回归分析结果如下：

$G$（发展质量水平）$=0.532\times R_1$（经济产业水平）$+0.520\times R_2$（社会发展水平）$+0.552\times R_3$（环境改善水平）

从线性回归分析结果来看，环境改善水平与发展质量水平的相关性最大，经济产业水平对发展质量水平的影响次之；3 个因子与发展质量水平的相关性整体较为接近，文旅特色型小城镇的发展与三者的发展水平关系均较为密切。文旅特色型小城镇的发展机制与所有特色型小城镇的总体发展机制较为类似，由于其具有地方特色的旅游发展模式，经济产业在高质量协调发展过程中发挥了关键作用。环境改善对文旅特色型小城镇的协调性影响也较大。

## 10.1.4 案例分析

### 10.1.4.1 案例镇区域概况

选取乾潭镇、大慈岩镇和洞桥镇 3 个文旅特色型案例镇。3 个案例镇都拥有丰富的自然、人文旅游资源，作为当地的特色产业资源，以期通过特色营造，形成产业带动和就业支撑。

乾潭镇位于建德市东北部。处于杭州西湖—富春江—新安江—千岛湖—黄山的黄金旅游线中段，北邻桐庐县，东北与金华市浦江县交界。境内拥有富春江国家森林公园、浙江生态第一漂、葫芦飞瀑、七里扬帆、子胥野渡等旅游景点。依次入选浙江省中心镇、全国重点镇、全国综合实力千强镇和国家卫生乡镇(县城)等。

大慈岩镇位于建德、兰溪、龙游交界处,是建德市的南大门,距市区 27 千米,金千铁路、330 国道穿境而过,交通便利,是浙江省旅游强镇、杭州市风情小镇。作为千年古镇,历史文化底蕴深厚、旅游资源丰富。境内有 500 年以上的古建筑 22 座、古桥梁 3 座,有诸葛亮后裔、刘备后裔、李频后裔等家谱和珍贵史料 12 套,还有国家 AAAA 级风景旅游胜地——大慈岩。

洞桥镇位于杭州市富阳区西北部,距富阳城区 35 千米,东北接临安区,西南连桐庐县,北邻杭州市区 55 千米,南联 05 省道,北接杭徽高速。全镇旅游资源境内拥有众多优质的山水自然旅游资源,主要有三山三泉两寺一湖一岛,南边是富阳区最大的水库——岩岭湖水库,沿湖有富春桃源、碧湖双洞与文河渔村,北边则是体现当地农业产业特色的香榧林,还有施肩吾纪念馆与金银山文化主题公园。

### 10.1.4.2 案例镇在文旅特色型小城镇中的发展水平定位

乾潭镇的发展质量水平和协调性都处于中等及以上的等级,发展质量水平排名第 17 位,协调性排名第 7 位,发展优势明显。大慈岩镇和洞桥镇的发展质量水平分别排名第 36 位和第 67 位,在文旅特色型小城镇中属于中等及以上的等级(见表 10-4)。在今后的发展中,将特色化发展现今的优势资源,发展质量水平和协调性的测度为小城镇今后进一步发展提供了良好的研究基础。

表 10-4　案例镇的发展质量水平及协调性统计表

| 镇 | 发展质量水平得分 | 发展质量水平等级 | 协调性得分 | 协调性等级 |
| --- | --- | --- | --- | --- |
| 乾潭镇 | 0.567 | 高 | 0.8367 | 高 |
| 大慈岩镇 | 0.518 | 高 | 0.6869 | 中 |
| 洞桥镇(富阳区) | 0.460 | 中 | 0.7637 | 高 |

### 10.1.4.3 案例镇发展水平与动力分析

乾潭镇是建德市东北部地区经济、文化中心和商品集散地。一方面,农业产业化已经初具规模,设立了现代农业示范园区,并引进科研人员。另一方面,个私企业较为发达,基本形成五金工具、家纺寝具、胶合板、机械制造、石煤综合利用、水晶工艺等六大块状经济,坚持实施"生态立镇、工业强镇、旅游兴镇"三大战略,坚持统筹经济与社会发展、统筹人与自然和谐发展的方针,着力提升农村工业化、农村城镇化、农业产业化和环境生态化水平。

大慈岩镇历史文化底蕴深厚、旅游资源丰富。近年来,以建设"工业强镇、旅游大镇、商业新镇"为目标,不断推进工业化、城镇化、生态化建设水平,综合实力显著增强。大慈岩境内有新叶古民居、江南悬空寺等知名旅游景点,通过文旅特色型小城镇的建设进一步推进乡村旅游、深度旅游的发展。

洞桥镇近年来的民宿经济,凭借特有的生态环境、浓厚的乡村文化氛围实现了破题起步。民俗旅游时,游客深入乡村、体验乡村。通过一系列建设活动,世界著名建筑大师王澍主持设计的浙江省美丽宜居村庄建设省级综合试点项目及杭州(国际)青少年洞桥营地等项目落户洞桥镇。2020 年,洞桥镇入选 2019 年重新确认国家卫生乡镇(县城)。

### 10.1.4.4　调研问卷分析

#### (1)家庭人口与社会发展

从表 10-5 看,家庭人员的组成均多为 4 人左右,洞桥镇的家庭平均人数大于乾潭镇、大慈岩镇,说明洞桥镇居民的家庭结构更为复杂。在家庭平均常住人数方面,3 个案例镇都约为 3 人,家庭平均外出人数约为 1 人。在社保参与率方面,3 个案例镇皆有中上水平的社保参与率。

**表 10-5　案例镇的家庭人数及社保参与情况统计表**

| 镇 | 家庭平均人数 | 家庭平均常住人数 | 家庭平均外出人数 | 社保参与率 |
|---|---|---|---|---|
| 乾潭镇 | 3.93 | 3.23 | 0.70 | 70.0% |
| 大慈岩镇 | 4.07 | 3.20 | 0.87 | 63.3% |
| 洞桥镇 | 5.81 | 3.45 | 1.28 | 100.0% |

#### (2)家庭收入和支出情况

从居民家庭的年收入来看,大部分家庭的年收入都能达到 10 万～20 万元的水平;大慈岩镇家庭的年支出为 3 万～5 万元,说明大慈岩镇的支出水平有可能低于乾潭镇、洞桥镇(见表 10-6)。

从居民的支出结构来看,家庭年支出占比最大的是饮食、居住和文化教育等,其中,乾潭镇有近一半家庭的年支出最多的方面为文化教育,这可能与当地重视教育且教育资源丰富有关。日常支出最多的方面皆为饮食(见表 10-6)。

表 10-6　案例镇的家庭收入和支出情况统计表

| 镇 | 家庭年收入 | 家庭年支出 | 家庭年支出最多的方面 | 家庭日常支出最多的方面 |
|---|---|---|---|---|
| 乾潭镇 | 10 万～20 万元 | 5 万～10 万元 | 文化教育 | 饮食 |
| 大慈岩镇 | 10 万～20 万元 | 3 万～5 万元 | 文化教育、饮食 | 饮食 |
| 洞桥镇 | 10 万～20 万元 | 5 万～10 万元 | 饮食 | 饮食 |

### (3)日常出行与交通工具选择

在日常出行和交通工具选择方面,乾潭镇和大慈岩镇有近一半的人选择小轿车作为日常出行方式,分别占比 60% 和 40%,并且仍有相当一部分人选择步行及其他方式。公交车出行在三个案例镇中的占比都较小,可能与小城镇公共交通仍未配置完善有关。

### (4)基础设施与公共服务设施

从表 10-7 可见,在居民对基础设施和公共服务设施的满意度方面,大部分居民对环卫设施及医疗设施和养老设施都较为满意。其中,由于近年来一系列的小城镇建设行动,环境卫生方面有了较大的改善,因此在镇区的环卫设施满意度方面,三个案例镇的满意程度都占比较大。镇区的医疗资源往往较为有限,且现在仍以居家养老为主,较少有人了解养老院的设施环境,因此在养老设施方面为一般满意居多。

表 10-7　案例镇的基础设施与公共服务设施满意度情况统计表

| | 满意度 | 非常满意 | 比较满意 | 一般满意 | 不太满意 |
|---|---|---|---|---|---|
| 乾潭镇 | 环卫设施(公厕) | 5% | 70% | 20% | 5% |
| | 环卫设施(垃圾收运) | 15% | 65% | 12.5% | 7.5% |
| | 镇区医疗设施 | 7.5% | 62.5% | 22.5% | 7.5% |
| | 镇区养老设施 | 10% | 40% | 42.5% | 7.5% |
| 大慈岩镇 | 环卫设施(公厕) | 16.6% | 76.6% | 6.6% | 0 |
| | 环卫设施(垃圾收运) | 23.3% | 66.6% | 6.6% | 3.3% |
| | 镇区医疗设施 | 20.0% | 43.4% | 30.0% | 6.6% |
| | 镇区养老设施 | 13.3% | 40.0% | 40.0% | 6.7% |

| | 满意度 | 非常满意 | 比较满意 | 一般满意 | 不太满意 |
|---|---|---|---|---|---|
| 洞桥镇 | 环卫设施(公厕) | 0 | 78.1% | 21.9% | 0 |
| | 环卫设施(垃圾收运) | 0 | 84.3% | 15.7% | 0 |
| | 镇区医疗设施 | 0 | 62.5% | 27.5% | 0 |
| | 镇区养老设施 | 0 | 71.8% | 28.2% | 0 |

### 10.1.5　发展策略

文旅特色型小城镇的发展应充分依靠小城镇自身的特色文旅资源,深入发掘文旅特色产业。应以文化旅游融合为依托,以文化基因和文化元素提炼为核心,以创意和再生设计为手段,对属地特色自然资源、人文资源、产业资源等关联性资源进行一体化深度整合后,以系统化的特色文化标识为指向,构建文化、生态、生活、产业有机融合的生态型空间体系。

不同类型的文旅特色型小城镇在片区内往往存在着不同职能,因而产业发展的重点和层级也应当有所区分。具体而言,国家级景点附近的文旅特色型小城镇,多拥有大区域的旅游市场,因而以外向型产业为主导。人文类文旅特色型小城镇的历史底蕴较为深厚,引入相关产业,使文化带动经济发展是其工作重点。风景名胜类文旅特色型小城镇要根据其资源竞争力和地理区位明确客户主体,针对市场需求,完善配套服务。产业类文旅特色型小城镇要注重产业链的延伸和融合。

## 10.2　商贸特色型小城镇

### 10.2.1　区域概况

浙江省商贸特色型小城镇行政归属见表 10-8。

**表 10-8　商贸特色型小城镇行政归属表**

| 地级市 | 镇、乡 |
|---|---|
| 杭州市 | 临浦镇、龙岗镇、文昌镇 |
| 宁波市 | 胜山镇 |
| 温州市 | 桥头镇(永嘉县)、桥下镇、三魁镇、龟湖镇 |

续表

| 地级市 | 镇、乡 |
|---|---|
| 湖州市 | 洛舍镇、新安镇 |
| 绍兴市 | 汤浦镇、下管镇、山下湖镇 |
| 金华市 | 横溪镇(兰溪市)、石柱镇 |
| 衢州市 | 白石镇、招贤镇 |
| 舟山市 | 干览镇 |
| 台州市 | 官路镇 |
| 丽水市 | 东渡镇 |

## 10.2.2　发展特征

如表 10-9 所示,分别有近 50% 和 90% 以上的商贸特色型小城镇的发展质量水平和协调性在中等及以上等级。在商贸特色型小城镇样本中,仅有 1 个属于协调性较低的等级,但商贸特色型小城镇的发展质量水平仍有较大的提升空间。

表 10-9　商贸特色型小城镇发展质量水平及协调性划分标准

| 指标 | 按发展质量水平划分 | | | 按协调性划分 | | |
|---|---|---|---|---|---|---|
| 划分标准 | $G>0.5$ | $0.4<G\leqslant0.5$ | $G\leqslant0.4$ | $D>0.75$ | $0.65<D\leqslant0.75$ | $D\leqslant0.65$ |
| 个数 | 4 | 5 | 10 | 11 | 7 | 1 |
| 占比 | 21.05% | 26.32% | 52.63% | 57.89% | 36.85% | 5.26% |

注:龟湖镇基础数据缺失,未纳入以上评分表内。

## 10.2.3　动力机制

采用逐步输入的线性回归分析研究商贸特色型小城镇发展质量水平与三大公因子的相关性,在发展质量水平与各因子的线性回归分析结果中,当所有变量都进入模型后,调整后的 $R^2$ 为 0.959,模型拟合度均较高。线性回归的共线性统计中,容差小于 1,VIF 小于 5,没有多重共线性问题,满足多元线性回归分析的条件。线性回归分析结果如下:

$G$(发展质量水平)$=0.452\times R_1$(经济产业水平)$+0.167\times R_2$(社会发展水

平)＋0.543×$R_3$(环境改善水平)

从线性回归分析结果来看,环境改善水平、经济产业水平与发展质量水平的相关性较大,社会发展水平对发展质量水平的影响较小。这说明环境改善、经济产业发展对商贸特色型小城镇的高质量发展的影响较大,而社会发展对高质量发展和协调性水平的影响较小,商贸特色型小城镇社会服务设施供给的普遍完善或许是其对发展质量水平影响较小的原因。与所有特色型小城镇的总体发展机制较为类似,经济发展同样对商贸特色型小城镇的高质量协调的影响较大,社会发展对商贸特色型小城镇的发展质量水平影响较小。

## 10.2.4　案例分析

### 10.2.4.1　案例镇基本概况

选取山下湖镇和临浦镇作为案例镇。山下湖镇位于诸暨东北部,地处诸暨、绍兴、萧山经济金三角中心,距杭州萧山国际机场65千米,诸永高速公路贯穿全境,交通十分便利。作为市场经济活跃度很高的商贸特色型小城镇,山下湖镇专业市场发达,是经国务院发展研究中心命名的"中国珍珠之乡"。山下湖镇地处泌湖平原,是诸暨的重要湖田农耕区,地势低平,水系丰富。此外还有白塔湖助推旅游业发展。山下湖镇以珍珠产业为主导产业,拥有华东国际珠宝城的品牌声誉,是融合养、工、贸,珠宝首饰观赏,旅游为一体的国际性珠宝市场和国际性珍珠集散地的现代化乡镇。毗邻的店口镇也让山下湖镇享有一部分工业溢出产业。临浦镇位于杭州萧山,既是产业强镇,也是千年古镇,将产业发展作为自身高质量发展的立足之本的同时,临浦镇也在争创成为国家卫生县城(乡镇)及全国综合实力千强镇。2022年杭州亚运会柔道、柔术和克柔术等三项体育赛事在临浦举行,利用杭州亚运会的契机,临浦镇成为承办国际赛事的亚运小镇。

山下湖镇和临浦镇同为浙北的商贸重镇,前者通过在镇内打造米果果小镇和华东国际珠宝城两个AAAA级景区,不断提高自身知名度,现已成为国内最大的珍珠养殖、加工、交易中心,产、加、销一条龙,贸、工、农一体化的产业格局使其商贸日益繁荣。临浦镇目前已成功入选浙江省第二批地名文化遗产名录,在保留千年古镇、"小上海"等传统特色的同时,积极淘汰落后产能,主动承接周边滨江高新区创新产业、对接三江汇未来城市实践区,将传统与现代融合,使老街焕发新生。

多年的不断发展,使山下湖镇成为全国千强镇、浙江省百强镇乡(第35位)、绍兴市五强镇乡、全国小城镇经济综合开发示范镇、浙江省教育强镇、浙江省体育强镇、浙江省文明镇、浙江省卫生镇、浙江省旅游强镇、浙江省东海文化明珠镇。未来,山下湖镇将继续围绕主导特色产业——珍珠产业打造集休闲、娱乐、健身于一体的珍珠文化街区,进一步提高"珍珠小镇"的知名度。同时依托米果果,发展具有山下湖特色的商贸旅游,进一步做强商贸文化品牌,做深商贸文化旅游。

临浦镇的历史文化底蕴深厚,作为我国古代四大美女之一西施的故乡,具有丰富的文化旅游资源。2000年后,临浦镇先后被评为浙江省级中心镇、杭州组团中心镇、浙江省小城市培育试点镇。作为杭州新城之一,临浦镇在"由镇变城"的蜕变之路上正越走越强。依托承办杭州亚运会赛事的机遇,随着亚运会分场馆——临浦体育馆的落成,临浦镇的基础设施建设不断更新,"小镇办大赛"的成绩将助力临浦由小镇变新城。

### 10.2.4.2 案例镇在商贸特色型小城镇中的发展水平定位

从表10-10可见,临浦镇的发展质量水平和协调性均属于较高的等级,山下湖镇的发展质量水平和协调性均属于中等等级。在商贸特色型小城镇的发展质量水平排名分别为第4位和第8位。作为商贸特色型小城镇,依托主导特色产业,打造成为现代化商贸重镇是山下湖镇和临浦镇的发展方向,而山下湖镇的发展质量水平和协调性均需要进一步提高。

表 10-10　案例镇的发展质量水平及协调性统计表

| 镇 | 发展质量水平得分 | 发展质量水平等级 | 协调性得分 | 协调性等级 |
|---|---|---|---|---|
| 山下湖镇 | 0.4135 | 中 | 0.7444 | 中 |
| 临浦镇 | 0.5156 | 高 | 0.7596 | 高 |

### 10.2.4.3 案例镇发展水平与动力分析

山下湖镇珍珠年产量占世界珍珠年总产量的70%,淡水珍珠养殖面积达40多万亩(1亩≈667平方米),珍珠养殖户遍布我国五大淡水湖区域,已成功创建中国名牌和中国驰名商标多个。镇中心坐落着中国最大珍珠市场——诸暨珍珠市场和省级特色工业园区——山下湖珍珠产业加工园。此外,山下湖镇以纺织、机电、建材为重点的工业经济也较为突出。其中,浙江丰球集团有限公司被认定为国家大型企业和国家重点高新技术企业。经济的发展始终是山下湖镇发展质量水平不断提高的原动力,在注重经济向高端化、品牌化转变的同时,如何平衡经济发展与生态保护的关系成为山下湖镇今后走高质量协调发展之路的最大瓶颈。临浦镇在临浦新城建设过程中,持续深化美丽乡村建设,全力推进全域土地综合整治,大面积开展"五水共治",在亚运会场馆建设的同时,有序推进峙山AAA级景区建设、浦阳江外滩景观带建设等重点项目,有力提升了城市基础设施建设水平和文化景观品质。在充分发挥千年古镇、鱼米之乡优势的同时,临浦镇不断注入新兴产业活力,随着精密智造产业园的改造提升,临浦产业将迎来新一轮高质量发展,为进一步打造宜居宜业宜游的临浦新城奠定经济基础。

### 10.2.4.4　调研问卷分析

#### (1)家庭人口与社会发展

从表 10-11 可见,从家庭人数上看,山下湖镇居民家庭平均人数不到 4 人,临浦镇家庭平均人数略大于 4 人,去除两个镇的家庭平均外出人数,两镇的家庭平均常住人数在 3 人左右。在社保参与率方面,临浦镇的社保参与率明显高于山下湖镇,临浦镇的社保参与率甚至超过同在萧山的都市节点型小城镇义桥镇,社会保障水平的完善也进一步提高了居民的生活品质,促进了临浦镇的高质量发展。

表 10-11　案例镇的家庭人数及社保参与情况统计表

| 镇 | 家庭平均人数 | 家庭平均常住人数 | 家庭平均外出人数 | 社保参与率 |
|---|---|---|---|---|
| 山下湖镇 | 3.87 | 3.10 | 0.77 | 77% |
| 临浦镇 | 4.10 | 3.48 | 0.67 | 90% |

#### (2)家庭收入和支出情况

从家庭收支水平来看,山下湖镇家庭年收入以 5 万～10 万元为主,家庭年支出基本上在 3 万～5 万元。临浦镇家庭年收入以 10 万～20 万元为主,家庭年支出基本上在 5 万～10 万元。总体上,临浦镇家庭的收入和支出水平均高于山下湖镇(见表 10-12)。

从家庭支出结构来看,山下湖镇和临浦镇家庭日常支出最多的方面均为饮食,临浦镇家庭年支出最多的方面为文化教育。山下湖镇家庭日常支出结构和年支出结构基本类似,最多支出也在饮食方面。临浦镇的家庭年支出最多的方面为居住,与临浦镇当地注重教育也有一定关系。同时,毗邻杭州西湖区和滨江区也使临浦镇的居住、交通通信等方面的年支出较高。

表 10-12 案例镇的家庭收入和支出情况统计表

| 镇 | 家庭年收入 | 家庭年支出 | 家庭年支出最多的方面 | 家庭日常支出最多的方面 |
|---|---|---|---|---|
| 山下湖镇 | 5 万~10 万元 | 3 万~5 万元 | 饮食 | 饮食 |
| 临浦镇 | 10 万~20 万元 | 5 万~10 万元 | 文化教育 | 饮食 |

### (3)日常出行与交通工具选择

从日常出行结构来看,山下湖镇超过 40% 的居民将(电动)自行车作为日常出行方式,公交车出行方式占比为 10%,小轿车出行方式占比为 13.3%,其余约有 1/3 的居民选择了面包车等其他出行方式。临浦镇有超过 50% 的居民选择小轿车作为日常出行方式,公交车和(电动)自行车的出行方式占比较少,分别为13.3% 和 10%,电动小汽车、面包车等其他出行方式占比约为 20%(见表 10-13)。

表 10-13 案例镇的日常出行与交通工具选择情况统计表

| 镇 | 公交车 | (电动)自行车 | 小轿车 | 步行及其他 |
|---|---|---|---|---|
| 山下湖镇 | 10.0% | 43.3% | 13.3% | 33.3% |
| 临浦镇 | 13.3% | 10.0% | 56.7% | 20.0% |

### (4)基础设施与公共服务设施

从基础设施和公共服务设施来看,大部分山下湖镇居民对公厕、垃圾收运等环卫设施比较满意或一般满意,大部分临浦镇居民对环卫设施非常满意或比较满意。大部分山下湖镇居民对医疗设施、养老设施的满意度一般,而临浦镇居民对公共服务设施比较满意的占比高于山下湖镇居民。值得一提的是,约 1/10 的临浦镇居民对公共服务设施非常满意,而接受调查的店口镇居民中无人对公共服务设施非常满意(见表 10-14)。

表 10-14　案例镇的基础设施与公共服务设施满意度情况统计表

| | 满意度 | 非常满意 | 比较满意 | 一般满意 | 不太满意 |
|---|---|---|---|---|---|
| 山下湖镇 | 环卫设施(公厕) | 0 | 56.7% | 43.3% | 0 |
| | 环卫设施(垃圾收运) | 20% | 40% | 40% | 0 |
| | 镇区医疗设施 | 0 | 20% | 76.7% | 3.3% |
| | 镇区养老设施 | 0 | 13.3% | 86.7% | 0 |
| 临浦镇 | 环卫设施(公厕) | 10.0% | 70.0% | 13.3% | 6.7% |
| | 环卫设施(垃圾收运) | 40% | 50% | 10% | 0 |
| | 镇区医疗设施 | 10.0% | 66.7% | 20.0% | 3.3% |
| | 镇区养老设施 | 10.0% | 46.7% | 43.3% | 0 |

### 10.2.5　发展策略

商贸特色型小城镇应以商业贸易为特色,注重以专业市场带动城镇的发展。通过商业职能,在具有资源禀赋的地区建立一批专业市场,形成品牌辐射力,使之逐步成长为具有区域服务意义的小城镇。

## 10.3　工业特色型小城镇

### 10.3.1　区域概况

浙江省工业特色型小城镇行政归属见表 10-15。

表 10-15　工业特色型小城镇行政归属表

| 地级市 | 镇、乡 |
|---|---|
| 杭州市 | 衙前镇、益农镇、党湾镇、场口镇、胥口镇、上官乡、高虹镇、太阳镇、富春江镇、横村镇 |
| 宁波市 | 洞桥镇(海曙区)、五乡镇、西周镇、贤庠镇、黄坛镇、掌起镇、横河镇、龙山镇(慈溪市) |
| 温州市 | 藤桥镇、萧江镇、万全镇、海西镇、宜山镇、钱库镇、金乡镇、望里镇、彭溪镇、芙蓉镇、北白象镇、南塘镇、南岳镇 |
| 嘉兴市 | 王店镇、洪合镇、干窑镇、百步镇、袁花镇、新仓镇、洲泉镇 |

续表

| 地级市 | 镇、乡 |
|---|---|
| 湖州市 | 埭溪镇、旧馆镇、雷甸镇、禹越镇、李家巷镇、和平镇、煤山镇、天子湖镇 |
| 绍兴市 | 澄潭镇、璜山镇、长乐镇 |
| 金华市 | 岭下镇、江东镇、泉溪镇、郑家坞镇、岩头镇(浦江县)、南马镇、龙山镇(永康市)、象珠镇 |
| 衢州市 | 上方镇、辉埠镇、桐村镇、四都镇、上余镇 |
| 舟山市 | 金塘镇、六横镇、东沙镇、衢山镇 |
| 台州市 | 横街镇(路桥区)、蓬街镇、白鹤镇、坦头镇、下各镇、温峤镇、东塍镇、清港镇、沙门镇 |
| 丽水市 | 高湖镇、祯埠镇、石练镇、赤寿乡、竹口镇、查田镇 |

## 10.3.2 发展特征

工业特色型小城镇主要分布在浙东沿海及浙中地区,极少数位于浙西南地区。50%和90%左右的工业特色型小城镇属于发展质量水平和协调性中等及以上的等级。其中,仅有1个浙西南的工业特色型小城镇属于发展协调性较低的等级(见表10-16)。

表10-16 工业特色型小城镇发展质量水平及协调性划分标准

| 指标 | 按发展质量水平划分 | | | 按协调性划分 | | |
|---|---|---|---|---|---|---|
| 划分标准 | $G>0.5$ | $0.4<G\leqslant0.5$ | $G\leqslant0.4$ | $D>0.75$ | $0.65<D\leqslant0.75$ | $D\leqslant0.65$ |
| 个数 | 25 | 21 | 33 | 38 | 40 | 1 |
| 占比 | 31.65% | 26.58% | 41.77% | 48.10% | 50.63% | 1.27% |

注:南塘镇、南岳镇基础数据缺失,未纳入以上评分表内。

## 10.3.3 动力机制

采用逐步输入的线性回归分析研究工业特色型小城镇发展质量水平与三大公因子的相关性,在发展质量水平与各因子的线性回归分析结果中,当所有变量都进入模型后,调整后的 $R^2$ 为0.992,模型拟合度均较高。线性回归的共线性统计中,容差小于1,VIF小于5,没有多重共线性问题,满足多元线性回归分析的条件。线性回归分析结果如下:

$G$(发展质量水平)$=0.598\times R_1$(经济产业水平)$+0.374\times R_2$(社会发展水

平）$+0.530 \times R_3$（环境改善水平）

从线性回归分析结果看,经济产业水平与发展质量水平的相关性明显较大,环境改善水平与发展质量水平的相关性也相对较大,社会发展水平对发展质量水平的影响较小。这说明与所有特色型小城镇的总体发展机制类似,经济产业发展对工业特色型小城镇的发展质量水平的影响较大,和商贸特色型小城镇类似,社会发展水平对工业特色型小城镇的高质量发展和协调性水平影响较小,这也进一步体现了商贸特色型小城镇和工业特色型小城镇的基础服务设施建设普遍较为完善。

## 10.3.4　案例分析

### 10.3.4.1　区域概况

选取璜山镇、胥口镇、场口镇、上官乡共四个工业特色型案例镇。这四个案例镇的工业特色突出,以工业带动第一、三产业发展,形成就业支撑。

璜山镇位于诸暨市东南部,是全市六大中心组群集镇之一,是该区域经济、金融、信息及科教文卫中心。2019 年 10 月,璜山镇入选 2019 年度全国综合实力千强镇。

胥口镇隶属于杭州市富阳区,西南与桐庐县相连,东北部与新登镇接壤。距富阳区中心 25 千米,杭州市中心 60 千米,是杭州至国家级风景名胜区——千岛湖的必经之地,交通十分便捷。境内有碧湖双洞自然风景旅游区。2019 年 10 月,胥口镇入选 2019 年度全国综合实力千强镇。

场口镇位于杭州市富阳区南部,距富阳区市区 20 千米,东南紧连环山乡、常安镇,西南接壤桐庐县江南镇,西北濒临富春江,是杭州市富阳区的副中心、浙江省首批小城市培育试点镇。2020 年 1 月,场口镇入选浙江省 2020 年度美丽城镇建设样板创建名单。

上官乡位于杭州市富阳区东南,距富阳区市区 28 千米,东临新关,南连常绿镇与湖源乡。陆路交通便利,横樟公路贯穿东西。辖区内有山林面积 3.5 万亩,其中竹林面积 2.3 万亩,是浙江省著名的"毛竹之乡"。

### 10.3.4.2　案例镇在工业特色型小城镇中的发展水平定位

场口镇的发展质量水平和协调性都处于中等及以上的等级,发展质量水平排名第 21 位,发展优势明显。璜山镇、上官乡和胥口镇的发展质量水平分别排名第 31 位、第 33 位和第 37 位,在全省工业特色型小城镇中属于中等等级。在今后的发展中,场口镇将集中发展工业优势资源(见表 10-17)。

表 10-17  案例镇的发展质量水平及协调性统计表

| 镇、乡 | 发展质量水平得分 | 发展质量水平等级 | 协调性得分 | 协调性等级 |
|--------|------------------|------------------|------------|------------|
| 场口镇 | 0.519 | 高 | 0.686 | 中 |
| 上官乡 | 0.459 | 中 | 0.758 | 高 |
| 璜山镇 | 0.449 | 中 | 0.790 | 高 |
| 胥口镇 | 0.434 | 中 | 0.759 | 高 |

### 10.3.4.3  案例镇发展水平与动力分析

璜山镇是全市六大中心组群集镇之一,通过实施"工业强镇、生态建镇、商贸活镇、和谐兴镇"四大战略,发展速度不断提升,综合实力明显增强。

胥口镇被浙江省人民政府列为 1998 年"华夏城乡游"推荐旅游城镇,被富阳区建设定义为产业经济特色突出、服务设施完善、城乡协调发展的富阳西北部重要的经济强镇和旅游名镇。通过强化生物医药产业作用,突出新型医药产业在富阳、杭州的地位,增强自身产业实力和竞争力。2019 年,入选全国综合实力千强镇,全镇经济结构和产业结构不断优化,优势农产品生产初具规模,工业主导地位充分凸显,第三产业的拉动作用日益增强。

场口镇的农业以种植业为主,养殖业为辅。种植品种主要为稻、麦、油菜、芦笋、西瓜、甘蔗、蔬菜等。在"稳定粮食生产,发展多种经营"的前提下,农业经济获得较快发展,农业基础设施不断改善。全镇传统工业项目有造纸、耐火材料、电子器材、采砂及运输业。近年来,工业经济发展迅速。

上官乡以生产羽毛球拍、乒乓球拍、沙滩板、网球拍等种类球拍为主,其中中低档球拍生产量占全国生产总量的 80% 以上,是全国主要球拍生产基地。上官乡的利达、大羽、富阳耐青和杭州上官四家规模企业"合四为一",于 2003 年组建杭州上官球拍有限公司,共同开始打造"大羽"品牌,并加快实现人力、设备、管理、市场等资源共享,努力提高产品质量、打造知名品牌。

## 10.3.4.4　调研问卷分析

### (1)家庭人口与社会发展

从家庭人员去向看,案例镇居民家庭平均人数约 5 人,家庭平均外出人数约 1 人,家庭平均常住人数约 4 人。其中,璜山镇的家庭平均人数、家庭平均常住人数均小于其他三个案例镇。从社保参与情况来看,其中 3 个案例镇社保参与率较高,璜山镇社保参与率较低(见表 10-18)。

**表 10-18　案例镇的家庭人数及社保参与情况统计表**

| 镇、乡 | 家庭平均人数 | 家庭平均常住人数 | 家庭平均外出人数 | 社保参与率 |
|---|---|---|---|---|
| 璜山镇 | 3.73 | 3.13 | 0.60 | 56.7% |
| 胥口镇 | 5.10 | 4.03 | 1.06 | 100.0% |
| 场口镇 | 5.70 | 4.21 | 1.55 | 100.0% |
| 上官乡 | 5.41 | 4.19 | 1.22 | 100.0% |

### (2)家庭收入和支出情况

从家庭收支水平来看,案例镇家庭年收入以 10 万～20 万元为主,而家庭年支出则多为 10 万～20 万元和 5 万～10 万元。从家庭支出结构来看,案例镇家庭年支出最多的方面为饮食,居住方面占比很少,而家庭日常支出中也是如此(见表 10-19)。

**表 10-19　案例镇的家庭收入和支出情况统计表**

| 镇、乡 | 家庭年收入 | 家庭年支出 | 家庭年支出最多的方面 | 家庭日常支出最多的方面 |
|---|---|---|---|---|
| 璜山镇 | 5 万～10 万元 | 3 万～5 万元 | 饮食 | 饮食 |
| 胥口镇 | 10 万～20 万元 | 10 万～20 万元 | 饮食 | 饮食 |
| 场口镇 | 10 万～20 万元 | 5 万～10 万元 | 饮食 | 饮食 |
| 上官乡 | 10 万～20 万元 | 10 万～20 万元 | 饮食 | 饮食 |

### (3)日常出行与交通工具选择

在日常出行与交通工具选择方面,相当一部分选择以(电动)自行车出行。选择公交车、小轿车以及步行方式的比例大致持平,可以看出在工业特色型小城镇内,可能存在公共交通设施配备不完善、道路状况不理想等问题(见表 10-20)。

表 10-20　案例镇的日常出行与交通工具选择情况统计表

| 镇、乡 | 公交车 | (电动)自行车 | 小轿车 | 步行及其他 |
|---|---|---|---|---|
| 璜山镇 | 13.3% | 63.3% | 13.3% | 10.1% |
| 胥口镇 | 0 | 96.7% | 0 | 3.2% |
| 场口镇 | 0 | 90.9% | 0 | 9% |
| 上官乡 | 0 | 90.6% | 0 | 9.3% |

### (4)基础设施与公共服务设施

从基础设施和公共服务设施的满意度统计来看,大部分居民对公厕、垃圾收运等环卫设施比较满意或一般满意。整体而言,工业特色型小城镇居民对医疗设施、养老设施的满意度比环卫设施的高(见表 10-21)。

表 10-21　案例镇的基础设施与公共服务设施满意度情况统计表

| | 满意度 | 非常满意 | 比较满意 | 一般满意 | 不太满意 |
|---|---|---|---|---|---|
| 璜山镇 | 环卫设施(公厕) | 0 | 80% | 20% | 0 |
| | 环卫设施(垃圾收运) | 23.3% | 56.6% | 20.0% | 0 |
| | 镇区医疗设施 | 0 | 6.6% | 93.4% | 0 |
| | 镇区养老设施 | 0 | 0 | 100% | 0 |
| 胥口镇 | 环卫设施(公厕) | 0 | 67.7% | 32.2% | 0 |
| | 环卫设施(垃圾收运) | 0 | 87% | 23% | 0 |
| | 镇区医疗设施 | 0 | 80.6% | 19.4% | 0 |
| | 镇区养老设施 | 0 | 70.9% | 29.1% | 0 |
| 场口镇 | 环卫设施(公厕) | 0 | 75.7% | 24.3% | 0 |
| | 环卫设施(垃圾收运) | 0 | 96.9% | 3.1% | 0 |
| | 镇区医疗设施 | 0 | 81.8% | 18.2% | 0 |
| | 镇区养老设施 | 0 | 93.9% | 6.1% | 0 |
| 上官乡 | 环卫设施(公厕) | 0 | 53.1% | 46.9% | 0 |
| | 环卫设施(垃圾收运) | 0 | 84.3% | 15.7% | 0 |
| | 镇区医疗设施 | 0 | 75% | 25% | 0 |
| | 镇区养老设施 | 0 | 84.3% | 15.7% | 0 |

### 10.3.5　发展策略

对于各个发展阶段的工业特色型小城镇发展而言,基础设施建设是对发展质量水平影响最大的一个因素,其次是地理空间条件。一个工业特色型小城镇想要在各个时期都能保持稳定发展的势头,离不开对基础设施的投入和对交通条件的改善。需要针对公共基础设施和道路交通建立专项规划方案,加大投入力度,为小镇的发展保驾护航。

# 10.4　农业特色型小城镇

## 10.4.1　区域概况

浙江省农业特色型小城镇行政归属见表 10-22。

表 10-22　农业特色型小城镇行政归属表

| 地级市 | 镇、乡 |
| --- | --- |
| 杭州市 | 双浦镇、浦阳镇、所前镇、黄湖镇、万市镇、春建乡、太湖源镇、潜川镇、岛石镇、板桥镇、临岐镇、大墅镇、瑶山乡、鸠坑乡、浪川乡、莲花镇(建德市)、杨村桥镇、下涯镇、大洋镇(建德市)、三都镇、大同镇 |
| 宁波市 | 横街镇(海曙区)、古林镇、章水镇、咸祥镇、横溪镇(鄞州区)、定塘镇、晓塘乡、长街镇、一市镇、桑洲镇、胡陈乡、越溪乡、临山镇、小曹娥镇、丈亭镇、新浦镇 |
| 温州市 | 碧莲镇、巽宅镇、金溪镇、青街畲族乡、闹村乡、赤溪镇、马站镇、大渔镇、南宋镇、沿浦镇、黄坦镇、周壤镇、二源镇、仕阳镇、包垟乡、东溪乡、柳峰乡、雪溪乡、桐浦镇、林川镇 |
| 嘉兴市 | 新塍镇、通元镇、周王庙镇、广陈镇、石门镇(桐乡市) |
| 湖州市 | 千金镇、石淙镇、钟管镇、吕山乡 |
| 绍兴市 | 王坛镇、漓渚镇、章镇镇、永和镇、驿亭镇、谢塘镇、盖北镇、丁宅乡、同山镇、三界镇 |
| 金华市 | 蒋堂镇、洋埠镇、竹马乡、长山乡、澧浦镇、塘雅镇、王宅镇、白姆乡、檀溪镇、中余乡、尚湖镇、黄店镇、香溪镇、马涧镇、义亭镇、唐先镇 |
| 衢州市 | 石梁镇(柯城区)、莲花镇(衢江区)、高家镇、同弓乡、杨林镇、村头镇、池淮镇、何田乡、詹家镇、长台镇 |
| 舟山市 | 虾峙镇 |

续表

| 地级市 | 镇、乡 |
|---|---|
| 台州市 | 宁溪镇、北洋镇、头陀镇、新桥镇（路桥区）、田市镇、湫山乡、滨海镇、小芝镇、河头镇、涌泉镇 |
| 丽水市 | 雅溪镇、太平乡、阜山乡、大洋镇（缙云县）、东方镇、三溪乡、双溪口乡、新路湾镇、北界镇、金竹镇、黄沙腰镇、应村乡、柘岱口乡、西畈乡、象溪镇、叶村乡、斋坛乡、竹源乡、樟溪乡、枫坪乡、板桥畲族乡、裕溪乡、黄田镇、淤上乡、东坑镇、沙湾镇、锦溪镇、兰巨乡 |

## 10.4.2 发展特征

农业特色型小城镇相对集中分布在浙中及浙西地区，东部沿海地区农业特色型小城镇呈沿中心市区周边分布的特征。近 20% 发展质量水平较高的城镇主要位于杭州、宁波、金华等地，近 50% 的农业特色型小城镇属于发展质量水平中等及以上的等级，没有协调性位于低水平状态的小城镇（见表 10-23）。

表 10-23　农业特色型小城镇发展质量水平及协调性划分标准

| 指标 | 按发展质量水平划分 | | | 按协调性划分 | | |
|---|---|---|---|---|---|---|
| 划分标准 | $G>0.5$ | $0.4<G \leqslant 0.5$ | $G \leqslant 0.4$ | $D>0.75$ | $0.65<D \leqslant 0.75$ | $D \leqslant 0.65$ |
| 个数 | 24 | 35 | 81 | 70 | 70 | 0 |
| 占比 | 17.14% | 25.00% | 57.86% | 50.00% | 50.00% | 0% |

注：林川镇基础数据缺失，未纳入以上评分表内。

## 10.4.3 动力机制

采用逐步输入的线性回归分析研究农业特色型小城镇发展质量水平与三大公因子的相关性，在发展质量水平与各因子的线性回归分析结果中，当所有变量都进入模型后，调整后的 $R^2$ 为 0.993，模型拟合度均较高。线性回归的共线性统计中，容差小于 1，VIF 小于 5，没有多重共线性问题，满足多元线性回归分析的条件。线性回归分析结果如下：

$G$（发展质量水平）$=0.652 \times R_1$（经济产业水平）$+0.329 \times R_2$（社会发展水平）$+0.701 \times R_3$（环境改善水平）

从线性回归分析结果来看，环境改善水平与发展质量水平的相关性最高；经济产业水平与发展质量水平的相关性次之，影响程度较大；社会发展水平对发展质量水平的影响程度较低。与所有特色型小城镇的总体发展机制类似,经济产业发展对农业特色型小城镇的发展质量水平影响较大,与文旅特色型、商贸特色型和工业特色型小城镇相比,农业特色型小城镇的特点在于环境改善水平对发展质量水平的高影响程度,这也说明农业特色型小城镇对于生态环境改善的特殊需求。

## 10.4.4　案例分析

### 10.4.4.1　案例镇基本概况

选取大同镇、同山镇和万市镇作为案例镇。大同镇位于建德市西南部,是建德人口第一大镇,以蚕桑、毛竹等传统农业为主导产业,同时积极发展莲子、有机茶叶、西甜瓜等多种农作物。大同镇历史悠久,是三国时期新昌县治所在地。大同镇境内的旅游资源有大同城山、千年古刹万福寺等。

同山镇位于诸暨市西南部,属"七山一水二分田"中的丘陵山区,农地资源匮乏,耕地面积仅占 12.31%。同山镇通过发展以水果、茶叶、高粱、水稻、蚕桑为主的农业,形成同山樱桃、枇杷、红高粱酒等颇负盛名的地方特产。同山镇环境优美,近年被评为省级生态镇、绍兴市卫生镇和诸暨市卫生强镇。同山镇的同山烧酿制工艺已被批准为省非物质文化遗产,所产"绿剑"茶叶也为省十大名茶之一,镇内的浙江绿剑茶业有限公司为全市十强农业规模企业。同山镇素有"水果之乡""高粱酒之乡"的美誉,通过发展农村特色产品加工,致力于成为集自然景观和人文特色于一体的现代生态旅游型小城镇。

万市镇位于杭州市富阳区西北部,地处富阳、临安、桐庐交会处,虽属于山区,但交通方便,距杭州市中心 75 千米。万市镇环境清幽,现有耕地面积 18279亩。水产品养殖面积 1425 亩,茶园面积 1174.5 亩,水果种植面积 1303.5 亩。作为浙江省兴林富民示范乡镇、浙江省生态镇、浙江省银杏之乡,万市镇大力加强环境保护工作,开展生态建设工程,采取关停废弃的矿山矿洞等举措,全面开展生态村镇建设。

### 10.4.4.2　案例镇在农业特色型小城镇中的发展水平定位

大同镇和同山镇的发展质量水平和协调性均属于中等及以上的等级,万市镇的发展质量水平和协调性均处于中等等级。在农业特色型小城镇中,同山镇、大同镇和万市镇的发展质量水平排名分别为第 23 位、第 43 位和第 47 位。作为农业特色型小城镇,大同镇和同山镇的发展质量水平在全省统一标准下均为较高,而万市镇的发展质量水平虽然处于中等水平,但在全省同类型小城镇中排名相对靠前(见表 10-24)。

表 10-24 案例镇的发展质量水平及协调性统计表

| 镇 | 发展质量水平得分 | 发展质量水平等级 | 协调性得分 | 协调性等级 |
|---|---|---|---|---|
| 大同镇 | 0.447 | 中 | 0.756 | 高 |
| 同山镇 | 0.502 | 高 | 0.686 | 中 |
| 万市镇 | 0.440 | 中 | 0.726 | 中 |

### 10.4.4.3 案例镇发展水平与动力分析

大同镇通过发展蚕桑、毛竹等特色农业主导产业和莲子、有机茶叶、西甜瓜等多种农作物,农产品经济发达,引入绿色生产加工技术后,也进一步提高了农产品附加值,进一步提升了经济效益。同山镇充分发挥水果、绿茶等资源禀赋优势,在地方自主推动的"农业强镇"战略下,樱桃、枇杷、茶叶、高粱等特色农业渐成规模。同时,同山镇还积极发展酿酒、服装、建材等主导工业,注重引入现代农业技术培训,优化同山烧等制作工艺。万安镇虽然具有较好的农业本底条件,但主导产业特色不鲜明,未来进一步提高城镇发展质量水平和协调性的关键在于大力发展相关产业。农业特色型小城镇通过发展特色农业,可形成农业与休闲旅游业协同发展,进而带动相关第二、三产业发展的产业格局,这也有利于助推城镇高质量发展、耦合协调发展。

### 10.4.4.4 调研问卷分析

#### (1)家庭人口与社会发展

从家庭人数上看,大同镇居民家庭平均人数超过 4 人,同山镇家庭平均人数不足 4 人,万市镇居民家庭平均人数超过 5 人。农业特色型小城镇的家庭平均外出人数明显高于其他类型的城镇。在社保参与率方面,大同镇的社保参与率高于同山镇和万市镇(见表 10-25)。

表 10-25　案例镇的家庭人数及社保参与情况统计表

| 镇 | 家庭平均人数 | 家庭平均常住人数 | 家庭平均外出人数 | 社保参与率 |
|---|---|---|---|---|
| 大同镇 | 4.28 | 3.25 | 1.06 | 63% |
| 同山镇 | 3.90 | 3.13 | 0.77 | 47% |
| 万市镇 | 5.65 | 4.62 | 1.03 | 40% |

### (2) 家庭收入和支出情况

从家庭收支水平来看,大同镇和万市镇家庭年收入以 5 万~10 万元和 10 万~20 万元为主,家庭年支出基本上在 3 万~5 万元和 5 万~10 万元。同山镇家庭年收入以 5 万~10 万元为主,家庭年支出基本上在 3 万~5 万元(见表 10-26)。

从家庭支出结构来看,和其他类型的小城镇略有不同,农业特色型小城镇案例镇的家庭日常支出和年支出最多的方面均为饮食(见表 10-26)。

表 10-26　案例镇的家庭收入和支出情况统计表

| 镇 | 家庭年收入 | 家庭年支出 | 家庭年支出最多的方面 | 家庭日常支出最多的方面 |
|---|---|---|---|---|
| 大同镇 | 10 万~20 万元 | 5 万~10 万元 | 饮食 | 饮食 |
| 同山镇 | 5 万~10 万元 | 3 万~5 万元 | 饮食 | 饮食 |
| 万市镇 | 10 万~20 万元 | 3 万~5 万元 | 饮食 | 饮食 |

### (3) 日常出行与交通工具选择

从日常出行结构来看,同山镇和万市镇超过一半的居民将小轿车作为日常出行方式。公交车和(电动)自行车的出行方式在农业特色型小城镇的案例镇中占比均为 10% 左右。其他出行方式如面包车、步行等均有一定的使用人群(见表 10-27)。

表 10-27　案例镇的日常出行与交通工具选择情况统计表

| 镇 | 公交车 | (电动)自行车 | 小轿车 | 步行及其他 |
|---|---|---|---|---|
| 大同镇 | 13.3% | 13.3% | 13.3% | 33.3% |
| 同山镇 | 13.3% | 10.0% | 53.3% | 23.4% |
| 万市镇 | 12.3% | 10.0% | 56.3% | 21.4% |

### (4)基础设施与公共服务设施

从基础设施和公共服务设施来看,大部分大同镇居民对公厕、垃圾收运等环卫设施比较满意或一般满意,对医疗和养老服务设施的满意度为一般。大部分同山镇居民对环卫设施非常满意或比较满意。约一半的同山镇居民对垃圾处理设施的满意度为非常满意,大部分同山镇居民对医疗和养老设施的满意度为比较满意,其中对医疗设施的满意度高于对养老设施。万市镇居民对公共服务设施比较满意的占比明显低于同山镇,值得一提的是,仅 1/10 的万市镇居民对医疗和养老服务设施的满意度为比较满意及以上(见表 10-28)。

表 10-28 案例镇的基础设施与公共服务设施满意度情况统计表

| | 满意度 | 非常满意 | 比较满意 | 一般满意 | 不太满意 |
|---|---|---|---|---|---|
| 大同镇 | 环卫设施(公厕) | 0 | 58.7% | 41.3% | 0 |
| | 环卫设施(垃圾收运) | 15% | 58% | 27% | 0 |
| | 镇区医疗设施 | 0 | 15.0% | 81.7% | 3.3% |
| | 镇区养老设施 | 0 | 13.3% | 86.7% | 0 |
| 同山镇 | 环卫设施(公厕) | 8.0% | 72.0% | 13.3% | 6.7% |
| | 环卫设施(垃圾收运) | 50% | 32% | 18% | 0 |
| | 镇区医疗设施 | 9.0% | 67.7% | 20% | 3.3% |
| | 镇区养老设施 | 8.0% | 46.7% | 45.3% | 0 |
| 万市镇 | 环卫设施(公厕) | 0 | 56.7% | 43.3% | 0 |
| | 环卫设施(垃圾收运) | 30% | 25% | 45% | 0 |
| | 镇区医疗设施 | 0 | 10.0% | 85.7% | 4.3% |
| | 镇区养老设施 | 0 | 13.3% | 86.7% | 0 |

## 10.4.5 发展策略

农业特色型小城镇由于农业种植生产等需求,对环境改善水平的要求明显更高。未来,农业特色型小城镇将加快融合第二、三产业的步伐,对于农业生态景观、配套仓储物流等设施需求不断提升,向综合性的农业生产、加工、销售、旅游观光为一体的产业转型,实现农业特色型小城镇的高质量发展。

## 10.5　发展策略

特色型小城镇分布较为广泛,经济产业发展、人居环境改善与特色型小城镇协调性的相关性较大,产业发展良好的人居环境将促进特色型小城镇经济、社会和环境协调发展,进一步助推城镇高质量发展。特色型小城镇的资源本底特色突出,应结合地方实际情况,发展成为文旅型、商贸型、工业型、农业型等特色型小城镇。如在公共服务设施和特色产业配套方面,文旅特色型小城镇需加大旅游集散中心、接待中心、宾馆、文娱等设施的供给,商贸特色型小城镇需注重加强市场、商贸、流通等服务设施,工业特色型小城镇则应加强投融资、物流、研发、培训等生产性服务设施的投入,农业特色型小城镇应加快发展农业科研、仓储物流、农产品专业市场等设施。综合考虑不同类型城镇的工业区、景区、商贸区建设与生态环境,以及居住环境的协调共生,实现城乡协同发展。

# 第 11 章　一般型小城镇的发展路径和策略分析

## 11.1　区域概况

浙江省一般型小城镇广泛分布在各市,以丽水市数量较多(见表 11-1)。

表 11-1　一般型小城镇行政归属表

| 地级市 | 镇、乡 |
| --- | --- |
| 杭州市 | 永昌镇、里山镇、新桐乡、湖源乡、渔山乡、百江镇、江南镇、钟山乡、新合乡、金峰乡、左口乡、王阜乡、航头镇、李家镇、钦堂乡 |
| 宁波市 | 瞻岐镇、塘溪镇、鹤浦镇、泗洲头镇、涂茨镇、大徐镇、东陈乡、黄避岙乡、高塘岛乡、黄家埠镇、牟山镇、河姆渡镇、陆埠镇、鹿亭乡、附海镇、桥头镇(慈溪市)、长河镇 |
| 温州市 | 云岭乡、茗岙乡、溪下乡、界坑乡、麻步镇、凤阳畲族乡、岱岭畲族乡、周山畲族乡、桂山乡、平和乡、湖岭镇、芳庄乡、湖雾镇、磐石镇、智仁乡 |
| 嘉兴市 | 新丰镇、陶庄镇、天凝镇、于城镇、丁桥镇、斜桥镇、林埭镇、独山港镇、屠甸镇、河山镇、大麻镇 |
| 湖州市 | 东林镇、洪桥镇、夹浦镇、林城镇、虹星桥镇 |
| 绍兴市 | 富盛镇、平水镇、稽东镇、夏履镇、回山镇、小将镇、沙溪镇、城南乡、东茗乡、应店街镇、次坞镇、姚江镇、安华镇、陈宅镇、岭北镇、浬浦镇、东和乡、石璜镇、谷来镇、仙岩镇 |
| 金华市 | 乾西乡、箬阳乡、沙畈乡、塔石乡、莘畈乡、苏孟乡、新宅镇、大田乡、坦洪乡、三港乡、大溪口乡、杭坪镇、前吴乡、花桥乡、九和乡、梅江镇、灵洞乡、水亭畲族乡、柏社乡、巍山镇、佐村镇、东阳江镇、马宅镇、千祥镇、画水镇、三单乡 |
| 衢州市 | 华墅乡、万田乡、灰坪乡、周家乡、云溪乡、举村乡、岭洋乡、黄坛口乡、新昌乡、林山乡、大溪边乡、横山镇、模环乡、坛石镇、大桥镇(江山市)、凤林镇、塘源口乡 |

续表

| 地级市 | 镇、乡 |
|---|---|
| 舟山市 | 岱西镇、长涂镇、嵊山镇、黄龙乡、枸杞乡 |
| 台州市 | 上郑乡、富山乡、茅畲乡、上垟乡、珠岙镇、横渡镇、浦坝港镇、花桥镇、三合镇、洪畴镇、三州乡、雷峰乡、泳溪乡、埠头镇、朱溪镇、安岭乡、溪港乡、上张乡、步路乡、广度乡、大战乡、双庙乡、汛桥镇、永丰镇、沿江镇、上盘镇、芦浦镇、龙溪镇 |
| 丽水市 | 仙渡乡、峰源乡、丽新畲族乡、黄村乡、东源镇、海口镇、仁庄镇、万山乡、黄垟乡、季宅乡、高市乡海溪乡、章村乡、祯旺乡、舒桥乡、巨浦乡、万阜乡、方山乡、汤垟乡、贵岙乡、小舟山乡、吴坑乡、仁宫乡、章旦乡、七里乡（缙云县）、胡源乡、方溪乡、石笕乡、雾溪畲族乡、荷地镇、左溪镇、贤良镇、岭头乡、五大堡乡、安南乡、张村乡（庆元县）、隆宫乡、江根乡、龙溪乡（庆元县）、官塘乡、渤海镇、英川镇、澄照乡、梅岐乡、郑坑乡、景南乡、雁溪乡、鸬鹚乡、梧桐乡、标溪乡、毛垟乡、秋炉乡、大地乡、家地乡、九龙乡、屏南镇、道太乡、岩樟乡、城北乡、龙南乡 |

## 11.2　发展特征

　　一般型小城镇分布范围较广,超过 15％的一般小城镇的发展质量水平较高,超过 50％的城镇协调性较高;40％左右和超过 90％的一般型小城镇发展质量水平和协调性处于中等及以上等级。发展质量水平较低的一般型小城镇大多分布于浙西南地区,且协调性水平较低的城镇大多分布在浙南地区;浙北地区一般型小城镇协调性普遍较高或中等,发展质量水平仍有待提升(见表 11-2)。

表 11-2　一般型小城镇发展质量水平及协调性划分标准

| 指标 | 按发展质量水平划分 | | | 按协调性划分 | | |
|---|---|---|---|---|---|---|
| 划分标准 | $G>0.5$ | $0.4<G\leqslant0.5$ | $G\leqslant0.4$ | $D>0.75$ | $0.65<D\leqslant0.75$ | $D\leqslant0.65$ |
| 个数 | 36 | 52 | 129 | 128 | 85 | 4 |
| 占比 | 16.59％ | 23.96％ | 59.45％ | 58.99％ | 39.17％ | 1.84％ |

注:湖雾镇、磐石镇基础数据缺失,未纳入以上评分表内。

## 11.3　动力机制

　　采用逐步输入的线性回归分析研究一般型小城镇发展质量水平与三大公因

子的相关性,在发展质量水平与各因子的线性回归分析结果中,当所有变量都进入模型后,调整后的 $R^2$ 为 0.985,模型拟合度均较高。线性回归的共线性统计中,容差小于 1,VIF 小于 5,没有多重共线性问题,满足多元线性回归分析的条件。线性回归分析结果如下:

$G$(发展质量水平)=0.757×$R_1$(经济产业水平)+0.476×$R_2$(社会发展水平)+0.611×$R_3$(环境改善水平)

从线性回归分析结果来看,经济产业水平、环境改善水平对一般型小城镇的发展质量水平影响较大,社会发展水平与城镇发展质量水平的相关性一般。因此,一般型小城镇的经济发展是高质量协调发展的基础,人居环境的改善对一般型小城镇的发展具有一定作用,产业发展、人居环境和社会服务的协调发展,将进一步促进一般型小城镇的高质量协调发展。

## 11.4 案例分析

### 11.4.1 案例镇基本概况

选取陈宅镇作为一般型小城镇案例镇。陈宅镇位于诸暨市东南部,诸暨至东阳公路贯通全镇,镇区北侧设有诸永高速公路互通口,交通区位优越。

陈宅镇有以东白山、石壁湖为代表的山林及湖水资源,全镇山林面积达78128 亩,作为饮用水源的石壁水库总库容为 1.1 亿立方米。陈宅镇被誉为"纺织之镇",以发展纺织、服装、机械制造和茶叶种植等传统产业为主,猕猴桃、农家乐旅游等新兴产业蓬勃发展。

### 11.4.2 案例镇在一般型小城镇中的发展水平定位

陈宅镇的发展质量水平和协调性均属于水平较高的等级,在一般型小城镇中发展质量水平排名第 6 位(见表 11-3)。在一般型小城镇中,陈宅镇属于发展质量水平较高的类型。

表 11-3 案例镇的发展质量水平及协调性统计表

| 镇 | 发展质量水平得分 | 发展质量水平等级 | 协调性得分 | 协调性等级 |
|---|---|---|---|---|
| 陈宅镇 | 0.691 | 高 | 0.674 | 高 |

## 11.4.3　案例镇发展水平与动力分析

陈宅镇有"服装之乡""建材之乡"之称,同时蕴含丰富的铅锌、萤石等矿产资源,为建材业发展奠定了良好的基础。陈宅镇坚持发展效益农业,已开发农业基地 10000 多亩,以种植板栗、银杏、香榧、青梅等为主;建立了万亩香樟基地、石壁水库上千亩水土保持林基地和千亩现代农业园区。陈宅镇通过积极承办自行车赛、猕猴桃节等,极大程度上带动了旅游业发展。

## 11.4.4　调研问卷分析

### (1)家庭人口与社会发展

从家庭人员组成来看,陈宅镇居民家庭平均人数约为 4 人,家庭平均外出人数约为 1 人。在社保参与率方面,陈宅镇的社保参与率约为 78%,社会保障体系相对完善(见表 11-4)。

表 11-4　案例镇的家庭人数及社保参与情况统计表

| 镇 | 家庭平均人数 | 家庭平均常住人数 | 家庭平均外出人数 | 社保参与率 |
| --- | --- | --- | --- | --- |
| 陈宅镇 | 3.97 | 2.80 | 1.17 | 78% |

### (2)家庭收入和支出情况

从家庭收支水平来看,陈宅镇家庭年收入以 3 万~5 万元为主,家庭年支出基本上在 3 万元以下(见表 11-5)。

从家庭支出结构来看,陈宅镇家庭年支出和日常支出最多的方面均为饮食(见表 11-5)。

表 11-5　案例镇的家庭收入和支出情况统计表

| 镇 | 家庭年收入 | 家庭年支出 | 家庭年支出最多的方面 | 家庭日常支出最多的方面 |
| --- | --- | --- | --- | --- |
| 陈宅镇 | 3 万~5 万元 | 3 万元以下 | 饮食 | 饮食 |

### (3)日常出行与交通工具选择

从日常出行结构来看,陈宅镇超过一半的居民将(电动)自行车作为主要的日常出行方式。选择小轿车的出行方式占比较小,公交车出行方式占比约为 16.7%,其余 20% 的居民选择如步行等其他出行方式(见表 11-6)。

表 11-6　案例镇的日常出行与交通工具选择情况统计表

| 镇 | 公交车 | （电动）自行车 | 小轿车 | 步行及其他 |
|---|---|---|---|---|
| 陈宅镇 | 16.7% | 56.7% | 6.7% | 20.0% |

### (4)基础设施与公共服务设施

从基础设施和公共服务设施来看,大部分居民对公厕、垃圾收运等环卫设施比较满意或一般满意,大部分陈宅镇居民对医疗设施、养老设施的满意度为一般满意及以下(见表 11-7)。

表 11-7　案例镇的基础设施与公共服务设施满意度情况统计表

| | 满意度 | 非常满意 | 比较满意 | 一般满意 | 不太满意 |
|---|---|---|---|---|---|
| 陈宅镇 | 环卫设施(公厕) | 15.0% | 51.7% | 33.3% | 0 |
| | 环卫设施(垃圾收运) | 9.7% | 35.7% | 48.0% | 6.7% |
| | 镇区医疗设施 | 0 | 23.3% | 63.3% | 13.3% |
| | 镇区养老设施 | 0 | 23.3% | 76.7% | 0 |

# 11.5　发展策略

一般型小城镇广泛分布,尤其以丽水市较多。经济产业、基础设施建设对一般型小城镇的发展质量水平影响较大,经济产业、社会发展与发展协调性的相关性较大。经济产业是一般型小城镇高质量协调发展的基础,基础设施和人居环境的改善对一般型小城镇的发展具有一定促进作用。未来,一般型小城镇应注重完善配套设施建设,不断增强小城镇服务农村的功能,努力发展成为服务农村地区的综合型小城镇。

# 附　录

## 附录 A　小城镇调查基础问卷

<table>
<tr><td rowspan="14">基本情况</td><td>镇名称(所属县、市)</td><td></td></tr>
<tr><td>性别_____年龄_____</td><td>受教育程度□小学及以下 □初中 □高中 □大专及以上</td></tr>
<tr><td>职业类型</td><td>□机关事业单位上班;□企业上班(备注企业类型)_____<br>□经商(做生意)□非企业务工(或打零工)□务农 □上学<br>□无业 □退休 □其他_____</td></tr>
<tr><td>户籍所属</td><td>□本镇户籍 □外地户籍,在本镇一年以上 □外地户籍,在<br>本镇一年以下 □其他_____</td></tr>
<tr><td>现居住地点</td><td>□本镇镇区内 □本镇村内 □其他镇 □县城 □市中心<br>□其他_____</td></tr>
<tr><td>现工作地点</td><td>□本镇镇区内 □本镇村内 □其他镇 □县城 □市中心<br>□其他_____</td></tr>
<tr><td>最近一年在本镇居住时间</td><td>□半年以下 □半年及以上一年以下 □一年及以上 □其他<br>_____</td></tr>
<tr><td colspan="2">家中总共有_____人,外出工作或读书有_____人,家庭常住有_____人</td></tr>
<tr><td>家庭年收入(大概)</td><td>□3万元及以下 □3万~5万元(含5万元) □5万~10万<br>元(含10万元) □10万~20万元(含20万元) □20万~<br>30万元(含30万元) □30万元以上</td></tr>
<tr><td>家庭年支出(大概)</td><td>□3万元及以下 □3万~5万元(含5万元) □5万~10万<br>元(含10万元) □10万~20万元(含20万元) □20万~<br>30万元(含30万元) □30万元以上</td></tr>
<tr><td>家庭年支出最多的方面</td><td>□饮食 □衣着 □居住 □交通通信 □文化教育 □休闲娱<br>乐 □医疗 □婚丧嫁娶 □其他_____</td></tr>
<tr><td>家庭日常支出最多的方面</td><td>□饮食 □衣着 □居住 □交通通信 □文化教育 □休闲娱<br>乐 □医疗 □婚丧嫁娶 □其他_____</td></tr>
</table>

续表

<table>
<tr><td rowspan="11">工作情况和居住城镇认知</td><td>获得当前工作的途径</td><td colspan="6">□亲友介绍 □自己求职 □中介机构 □政府就业机构介绍<br>□工作分配调动 □其他_____</td></tr>
<tr><td>平均每天工作_____小时,每周工作_____天。</td><td colspan="6"></td></tr>
<tr><td>对本镇的就业机会评价</td><td colspan="6">□满意,好的工作机会很多 □不太满意,好的工作不多<br>□不满意,基本没有好的工作 □很不满意,差的工作也难找</td></tr>
<tr><td>在最近三年内有换过_____次工作(含非正式工作,没换过填0)</td><td colspan="6"></td></tr>
<tr><td>最近一次更换工作的原因</td><td colspan="6">□未换过工作 □被动原因(工作调动) □被动原因(合同到期、被解雇) □主动原因(原就业地太远) □主动原因(原工作收入低) □主动原因(原工作脏累危险) □家庭原因(照顾子女或家庭团聚) □其他_____</td></tr>
<tr><td>参保情况</td><td>医保</td><td>社保</td><td>工商保险</td><td>新农合</td><td colspan="2">公积金</td></tr>
<tr><td>是否有(□有□无)</td><td></td><td></td><td></td><td></td><td colspan="2"></td></tr>
<tr><td>办理地(□A 户籍地<br>□B 现居住地)</td><td></td><td></td><td></td><td></td><td colspan="2"></td></tr>
<tr><td>日常交通工具选择</td><td colspan="6">□小轿车 □面包车 □机动农用车 □卡车/大货车 □摩托车 □电动小汽车 □自行车/电动自行车 □公交车 □校车 □步行 □其他_____(通勤往返时间_____)</td></tr>
<tr><td>对您居住的城镇的认识是</td><td colspan="6">□更像农村 □介于农村和城市之间 □更像城市</td></tr>
<tr><td>心目中理想的居住地</td><td colspan="6">□村庄 □小城镇 □县城或小城市 □大城市</td></tr>
<tr><td rowspan="2"></td><td>选择前述居住地的首要原因</td><td colspan="6">□工作机会多 □生活便利(教育、医疗、娱乐、交通等) □离家近,生活习惯 □其他_____</td></tr>
<tr><td>希望您的子女或孙辈居住的地方</td><td colspan="6">□村庄 □小城镇 □县城或小城市 □大城市</td></tr>
<tr><td rowspan="3">设施满意度</td><td>对本镇最满意的方面(选1~3项)</td><td colspan="6">□环境卫生 □交通出行 □邻里氛围 □自然生态 □基础设施 □住房条件 □公共服务 □就业机会 □其他_____</td></tr>
<tr><td>对本镇的不太满意方面(选1~3项)</td><td colspan="6">□环境卫生 □交通出行 □邻里氛围 □自然生态 □基础设施 □住房条件 □公共服务 □就业机会 □其他_____</td></tr>
<tr><td>本镇镇区和村之间主要的差异(选1~3项)</td><td colspan="6">□收入水平 □支出水平 □环境卫生 □交通出行 □邻里氛围 □自然生态 □基础设施 □住房条件 □公共服务 □就业机会 □其他_____</td></tr>
</table>

| 设施满意度 | 本镇镇区和村之间的差异有所缩小的方面（选1～3项） | □收入水平 □支出水平 □环境卫生 □交通出行 □邻里氛围 □自然生态 □基础设施 □住房条件 □公共服务 □就业机会 □其他_____ |
|---|---|---|
| 公共基础设施使用 | 住房来源 | □租房 □买房 □自建 □继承 □其他_____ |
| | 住房面积 | □90平方米及以下 □90～130平方米（含130平方米） □130～150平方米（含150平方米）□150平方米以上 |
| | 子女小学就学地点 | □本镇镇区内 □本镇村内 □县城 □地级市市区 □其他_____ |
| | 子女初中就学地点 | □镇区 □本镇村内 □其他镇 □县城 □地级市市区 □其他_____ |
| | 日常就医地点 | □镇区 □本镇村内 □其他镇 □县城 □地级市市区 □其他_____ |
| | 重大疾病就医地点 | □镇区 □本镇村内 □其他镇 □县城 □地级市市区 □其他_____ |
| | 日常休闲游憩地点 | □本镇镇区内 □本镇村内 □其他镇 □其他_____ |
| | 最常使用的公共空间 | □镇区公园、公共绿地 □公共健身器材区 □绿道 □街道 □其他_____ |

| | | 使用频率 | 公园绿地 | 亲友家 | 棋牌室 | 电影院 | 超市 | 绿道 | 体育场馆 | 文化场馆 | 其他 |
|---|---|---|---|---|---|---|---|---|---|---|---|
| 公共基础设施使用 | 常去的娱乐休闲场所及使用频率 | 每天 | | | | | | | | | |
| | | 两三天一次 | | | | | | | | | |
| | | 一周一次 | | | | | | | | | |
| | | 一月一次 | | | | | | | | | |
| | | 半年一次 | | | | | | | | | |
| | | 一年一次 | | | | | | | | | |
| | 镇区环卫设施（公厕）满意度及其使用频率 | □非常满意 □比较满意 □一般满意 □不太满意<br>□每天 □两三天一次 □一周一次 □偶尔 □没有使用过 | | | | | | | | | |
| | 镇区环卫设施（垃圾收运）满意度及其使用频率 | □非常满意 □比较满意 □一般满意 □不太满意<br>□每天 □两三天一次 □一周一次 □偶尔 □没有使用过 | | | | | | | | | |

续表

| 公共基础设施使用 | 镇区医疗设施满意度 | □非常满意 □比较满意 □一般满意 □不太满意 | | | | | | |
|---|---|---|---|---|---|---|---|---|
| | 镇区养老设施满意度 | □非常满意 □比较满意 □一般满意 □不太满意 | | | | | | |
| | 商贸设施类型及其使用频率 | | 超市 | 餐馆 | 农贸市场 | 零售商店 | 饭店酒店 | 银行 | 其他_____ |
| | | 每天 | | | | | | | |
| | | 两三天一次 | | | | | | | |
| | | 一周一次 | | | | | | | |
| | | 偶尔 | | | | | | | |
| | | 没有使用过 | | | | | | | |
| | 最希望本镇有所改善的方面 | □教育设施 □商业设施 □文化设施 □体育设施 □医疗设施 □养老服务 □管理制度 □环境卫生 □交通设施 □市政设施 □其他_____ | | | | | | |

# 附录 B　小城镇居民调查问卷

<table>
<tr><td rowspan="13">基本情况</td><td colspan="2">村名称(所属镇、县、市)</td></tr>
<tr><td colspan="2">性别_____　年龄_____　受教育程度 □小学及以下 □初中 □高中 □大专及以上</td></tr>
<tr><td>职业类型</td><td>□机关事业单位上班 □企业上班 □经商(做生意) □非企业务工(或打零工) □务农 □上学 □无业 □退休 □其他_____</td></tr>
<tr><td>户籍所属</td><td>□本镇户籍 □外地户籍,在本镇一年及以上 □外地户籍,在本镇一年以下 □其他_____</td></tr>
<tr><td>现居住地点</td><td>□本镇镇区内 □本镇村内 □其他镇 □县城 □市中心 □其他_____</td></tr>
<tr><td>现工作地点</td><td>□本镇镇区内 □本镇村内 □其他镇 □县城 □市中心 □其他_____</td></tr>
<tr><td>最近一年在本村居住时间</td><td>□半年以下 □半年及以上 □其他_____</td></tr>
<tr><td colspan="2">家中总共有_____人,外出工作或读书有_____人,家庭常住有_____人</td></tr>
<tr><td>家庭年收入(大概)</td><td>□3万元及以下 □3万~5万元(含5万元) □5万~10万元(含10万元) □10万~20万元(含20万元) □20万~30万元(含30万元) □30万元以上</td></tr>
<tr><td>家庭年支出(大概)</td><td>□3万元及以下 □3万~5万元(含5万元) □5万~10万元(含10万元) □10万~20万元(含20万元) □20万~30万元(含30万元) □30万元以上</td></tr>
<tr><td>家庭年支出最多的方面</td><td>□饮食 □衣着 □居住 □交通通信 □文化教育 □休闲娱乐 □医疗 □婚丧嫁娶 □其他_____</td></tr>
<tr><td>家庭日常支出最多的方面</td><td>□饮食 □衣着 □居住 □交通通信 □文化教育 □休闲娱乐 □医疗 □其他_____</td></tr>
</table>

续表

| | | |
|---|---|---|
| 出行特征及对本村的满意度 | 多久去一趟镇上 | □每天都去 □2~3天 □一周左右 □半个月左右 □三个月左右 □半年或更长 □从来不去 |
| | 到镇上主要办什么事情（最多选3项） | □打零工 □购物 □吃饭 □购买农资 □出售农产品 □看望亲戚、会朋友 □就医看病 □接送孩子上下学 □其他___ |
| | 多久去一趟县里 | □每天都去 □2~3天 □一周左右 □半个月左右 □三个月左右 □半年或更长 □从来不去 |
| | 到县里主要办什么事情（最多选3项） | □打零工 □购物 □吃饭 □购买农资 □出售农产品 □看望亲戚、会朋友 □就医看病 □接送孩子上下学 □其他___ |
| | 多久去一趟地级市市区 | □每天都去 □2~3天 □一周左右 □半个月左右 □三个月左右 □半年或更长 □从来不去 |
| | 到市区主要办什么事情（最多选3项） | □打零工 □购物 □吃饭 □购买农资 □出售农产品 □看望亲戚、会朋友 □就医看病 □接送孩子上下学 □其他___ |
| | 日常交通工具选择 | □小轿车 □面包车 □机动农用车 □卡车/大货车 □摩托车 □电动小汽车 □自行车/电动自行车 □公交车 □校车 □步行 □其他_____（通勤往返时间_____） |
| | 对本村最满意的方面（选1~3项） | □环境卫生 □交通出行 □邻里氛围 □自然生态 □基础设施 □住房条件 □公共服务 □就业机会 □其他_____ |
| | 对本村最不满意的方面（选1~3项） | □环境卫生 □交通出行 □邻里氛围 □自然生态 □基础设施 □住房条件 □公共服务 □就业机会 □其他____ |
| | 本镇镇区和村之间的主要差异（选1~3项） | □收入水平 □支出水平 □环境卫生 □交通出行 □邻里氛围 □自然生态 □基础设施 □住房条件 □公共服务 □就业机会 □其他_____ |
| | 本镇镇区和村之间的差异在哪些方面有所缩小（选1~3项） | □收入水平 □支出水平 □环境卫生 □交通出行 □邻里氛围 □自然生态 □基础设施 □住房条件 □公共服务 □就业机会 □其他_____ |

| | | |
|---|---|---|
| 设施满意度 | 住房来源 | □租房 □买房 □自建 □继承 □其他＿＿＿＿ |
| | 住房面积 | □90平方米及以下 □90～130平方米（含130平方米）<br>□130～150平方米（含150平方米）□150～200平方米<br>（含200平方米）□200～300平方米（含300平方米）<br>□300平方米以上 |
| | 子女小学就学地点 | □本镇镇区内 □本镇村内 □县城 □地级市市区 □其他<br>＿＿＿＿ |
| | 子女初中就学地点 | □镇区 □本镇村内 □其他镇 □县城 □地级市市区 □其他＿＿＿＿ |
| | 日常就医地点 | □本镇镇区内 □本镇村内 □其他镇 □地级市市区 □其他＿＿＿＿ |
| | 重大疾病就医地点 | □本镇镇区内 □本镇村内 □其他镇 □地级市市区 □其他＿＿＿＿ |
| | 最常使用的公共空间 | □公园、公共绿地 □公共健身器材区 □绿道 □街道 □其他＿＿＿＿ |
| | 镇区环卫设施（公厕）满意度及其使用频率 | □非常满意 □比较满意 □一般满意 □不太满意<br>□每天 □两三天一次 □一周一次 □偶尔 □没有使用过 |
| | 镇区环卫设施（垃圾收运）满意度及其使用频率 | □非常满意 □比较满意 □一般满意 □不太满意<br>□每天 □两三天一次 □一周一次 □偶尔 □没有使用过 |
| | 农村医疗设施满意度 | □非常满意 □比较满意 □一般满意 □不太满意 |
| | 农村养老服务满意度 | □非常满意 □比较满意 □一般满意 □不太满意 |
| 改善意向 | 最希望本村有所改善的方面 | □教育设施 □商业设施 □文化设施 □体育设施 □医疗设施 □养老服务 □管理制度 □环境卫生 □交通设施<br>□市政设施 □其他＿＿＿＿ |

# 附录 C　文旅特色型小城镇附加问卷

<table>
<tr>
<td rowspan="8">文<br>旅<br>类</td>
<td>游客到本镇的交通方式</td>
<td colspan="3">□自驾 □骑行 □火车、大巴等交通工具 □其他_____</td>
</tr>
<tr>
<td>游客一年游玩次数</td>
<td colspan="3">□1～2 次/年 □3～5 次/年 □6～10 次/年 □其他____<br>____</td>
</tr>
<tr>
<td>游客游玩目的</td>
<td colspan="3">□休闲度假 □学术研究 □观光 □亲近自然 □单位团建<br>□其他_____</td>
</tr>
<tr>
<td>对景区总体评价</td>
<td colspan="3">□满意 □一般满意 □不满意 □其他_____</td>
</tr>
<tr>
<td colspan="4">对景区分项评价

| 类型 | 满意 | 一般满意 | 不满意 |
|---|---|---|---|
| 景区特色 | | | |
| 交通情况 | | | |
| 娱乐项目 | | | |
| 餐饮购物 | | | |
| 基础设施 | | | |
| 环境卫生 | | | |
| 游客接待 | | | |

</td>
</tr>
<tr>
<td>对景区意见或建议</td>
<td colspan="3">□景区特色提升 □增加/改善接驳交通设施 □增加/改善<br>游客服务中心 □增加/改善游乐设施 □增加/改善座椅等<br>休息设施 □增加/改善厕所、垃圾桶等卫生设施 □增加/<br>改善路标、指示牌等导览设施 □增加/改善餐饮服务设施<br>□增加/改善民宿等休憩设施 □其他_____</td>
</tr>
</table>

# 附录 D　农村人居环境调查问卷

| 乡村人居环境调查问卷 | | |
|---|---|---|
| 基本情况 | 村名称（所属镇、县、市）<br>＿＿＿＿＿＿＿＿＿＿ | 被调查人基本信息<br>职业：＿＿＿＿＿　年龄：＿＿＿＿＿　性别：＿＿＿＿＿ |
| | 家中总共有＿＿＿＿＿＿人，外出工作或读书有＿＿＿＿＿＿人，家庭常住有＿＿＿＿＿＿人<br>家庭年收入：□3 万元及以下 □3 万～5 万元(含 5 万元) □5 万～10 万元(含 10 万元) □10 万元以上 | |
| | 建筑＿＿＿＿＿＿层，建筑面积＿＿＿＿＿＿$m^2$；庭院面积＿＿＿＿＿＿$m^2$ | |
| 环境与设施 | 最常使用的公共空间及其使用频率 | □本村公共绿地 □村委健身器材区 □绿道 □街道 □其他＿＿＿＿＿＿<br>□每天 □两三天一次 □一周一次 □一月一次 □没有使用过 |
| | 有无文体设施及其使用频率 | □有（备注）＿＿＿＿＿＿ □无 □不清楚<br>□每天 □两三天一次 □一周一次 □一月一次 □没有使用过 |
| | 您家里有哪些交通工具？ | □汽车 □自行车 □摩托车 □农用车 □电动自行车 □全无 □其他(请注明)＿＿＿＿＿＿ |
| | 您经常将汽车停在什么位置？ | □庭院内 □马路边 □空地上 □其他＿＿＿＿＿＿ |
| | 您对公交车站点设施满意吗？ | □满意 □一般满意 □不满意(备注)＿＿＿＿＿＿<br>你希望改善哪些方面？□休息座椅 □详细信息公交站牌 □有特色的公交亭 □其他＿＿＿＿＿＿ |
| | 您对村里的基础设施满意吗？ | □满意 □一般满意 □不满意(备注)＿＿＿＿＿＿<br>你希望改善哪些方面？□增加公共空间、绿道 □垃圾处理 □增加体育设施 □改善道路 □其他＿＿＿＿＿＿ |
| | 您对村庄街道交通环境满意吗？ | □满意 □一般满意 □不满意(备注)＿＿＿＿＿＿<br>你希望改善哪些方面？□增加街道宽度 □指定路边停车区域 □设置路边标识 □整治路面 □其他＿＿＿＿＿＿ |

续表

| | | |
|---|---|---|
| 环境与设施 | 您对村庄街道绿化环境满意吗？ | □满意 □一般满意 □不满意（备注）_____<br>你希望改善哪些方面？□增加街道绿化 □统一规划 □增加标识 □增加特色绿植品种 □其他_____ |
| | 您对本村生态环境满意吗？ | □满意 □一般满意 □不满意（备注）_____<br>不满意的主要原因是什么？□砍树现象较多□白色塑料袋多□污水排放混乱□街道绿化少□其他_____<br>你希望改善哪些方面？□砍树现象相关政策 □道路两边绿化 □污水统一排放 □生态保护宣传 □保护本土植物 □其他_____ |
| 公共卫生 | 您处理家庭垃圾的方式是什么？ | □将垃圾归类，不同的垃圾进行不同的处理 □不归类，直接倒入垃圾桶 □垃圾当地焚烧 □其他_____ |
| | 您对村里收集垃圾运输满意吗？ | □满意 □一般满意 □不满意（备注）_____<br>你希望如何改善？□固定时间□固定位置□垃圾分类装置□其他_____ |
| | 您对本村的环境卫生满意吗？ | □满意 □一般满意 □不满意（备注）_____<br>你希望改善哪些方面？□推进家庭厕所整治 □垃圾分类处理 □河道整治 □生活污水集中处理 □村建公厕 □其他_____ |
| 庭院环境 | 您家里的庭院一般有以下哪些用途？ | □晾晒衣服 □停车 □种菜 □晾晒农作物 □休憩娱乐 □其他_____ |
| | 您家里的厕所位置在哪里？ | □室内 □庭院 □公共厕所 □其他_____ |
| | 您对家里庭院环境满意吗？ | □满意 □一般满意 □不满意（备注）_____<br>你希望改善哪些方面？□绿植 □地面铺装 □墙面改善 □垃圾放置 □景观小品 □其他_____ |
| | 您对家里庭院设施满意吗？ | □满意 □一般满意 □不满意（备注）_____<br>你希望改善哪些方面？□停车空间 □厕所空间 □晾晒农作物 □休息娱乐空间 □其他_____ |

| | | |
|---|---|---|
| 室内环境 | 您家里住宅内部有以下哪些空间? | □客厅 □卧室 □卫生间 □厨房 □餐厅 □储物间 □阳台 □其他_____ |
| | 您家里住宅内部空间功能满足您的需求吗? | □满足;□一般满足;□不满足(备注)_____<br>你希望新增哪些空间? □客厅 □卧室 □卫生间 □厨房 □餐厅 □储物间 □阳台 □其他_____<br>你希望扩大哪些空间? □客厅 □卧室 □卫生间 □厨房 □餐厅 □储物间 □阳台 □其他_____ |
| | 您对家里住宅内部环境满意吗? | □满意 □一般满意 □不满意(备注)_____<br>你希望改善哪些方面? □灯光方面 □空间功能 □装修材料 □设计风格 □其他_____ |
| | 您对家里住宅内部设施满意吗? | □满意 □一般满意 □不满意(备注)_____<br>你希望改善哪些方面? □采光 □通风 □取暖 □煤气供应 □其他_____ |

# 参考文献

[1]安中轩.城乡一体化典型实践模式的比较分析及启示[J].重庆工商大学学报(西部论坛),2007(6):82-85.

[2]白国强.美国城镇体系的演化与规律[J].岭南学刊,2004(5):87-91.

[3]毕春洋.有限资源,无限可能——日本小城镇的生存之道[J].北京规划建设,2017(3):46-50.

[4]卜雪旸,石瑶.景观资源富集型山地小城镇创新发展模式与策略研究——以闽北中心城市南平市为例[J].建筑与文化,2014(10):128-129.

[5]曹小琳,马小均.小城镇建设的国际经验借鉴及启示[J].重庆大学学报(社会科学版),2010,16(2):1-5.

[6]车俊.全面推进新时代美丽城镇建设把初心使命书写在城乡大地上[J].政策瞭望,2019(9):4-7.

[7]陈秉钊.上海市郊区小城镇人居环境可持续发展研究[J].城市规划汇刊,2002(4):19-22.

[8]陈建录,曹学玲.韩国城镇化中的新村教育及对我国农民培训的启示[J].中国职业技术教育,2016(23):38-42.

[9]陈前虎,宋珍兰,宋炳坚,等.浙江省农业型小城镇转型发展思路[J].浙江工业大学学报(社会科学版),2011,10(3):272-276,326.

[10]陈实,耿虹,乔晶.基于解释结构模型的小城镇再分化内涵解析[J].规划师,2019,35(10):12-17.

[11]陈一帆.转型背景下日本小城镇建设管理经验与启示[J].现代商贸工业,2020,41(5):59-61.

[12]陈友华,赵民.城市规划概论[M].上海:上海科学技术文献出版社,2000.

[13]陈雨露,李京生,杨辰,等.德国小城镇收缩研究——以萨克森州为例[J].小城镇建设,2018,36(11):43-55,65.

[14]陈云峰.主要发达国家城市化经验教训及其对我国的启示[D].长春:吉林大学,2004.

[15]陈昭玖,周波,唐卫东,等.韩国新村运动的实践及对我国新农村建设的启示[J].农业经济问题,2006(2):72-77.

[16]成文利.城市人居环境可持续发展理论与评价研究[D].武汉:武汉理工大学,2003.

[17]程立诺,于学强,王宝刚.小城镇人居环境质量评价方法研究[J].山东科技大学学报,2008,2762(4):105-108.

[18]程遥.英国的小城镇发展历程与规划取向[J].小城镇建设,2020,38(12):28-34,82.

[19]仇保兴.特色小城镇的"特色"要有广度与深度[J].政策瞭望,2017(4):46-49.

[20]崔彩贤.集镇经济发展的德国经验[J].农村经济与科技,2017,28(17):240-243.

[21]崔凤军.以生态文明思想促进乡村旅游发展的浙江实践[N].中国旅游报,2018-11-13(3).

[22]党国英.论城乡社会治理一体化的必要性与实现路径——关于实现"市域社会治理现代化"的思考[J].中国农村经济,2020(2):2-13.

[23]邓晰隆,叶子荣,郝晓薇.城镇化发展模式从"高速发展"向"高质量发展"的转变启示[J].西南民族大学学报(人文社会科学版),2020,41(12):114-121.

[24]丁声俊.德国小城镇的发展道路及启示[J].世界农业,2012(2):60-65.

[25]段进,殷铭,陶岸君,等."在地性"保护:特色村镇保护与改造的认知转向、实施路径和制度建议[J].城市规划学刊,2021,262(2):25-32.

[26]樊文平,石忆邵.发达国家新城建设经验研究[J].江西科学,2008,26(6):1002-1008.

[27]方创琳,赵文杰.新型城镇化及城乡融合发展促进中国式现代化建设[J].经济地理,2023,43(1):10-16.

[28]房艳刚,刘继生.基于多功能理论的中国乡村发展多元化探讨——超越

"现代化"发展范式[J].地理学报,2015,70(2):257-270.

[29]费孝通.论小城镇建设[M].北京:群言出版社,2000:328.

[30]费孝通.论中国小城镇的发展[J].村镇建设,1996(3):3-5.

[31]冯长春."新格局"下小城镇发展探讨[J].小城镇建设,2021,39(11):5-11.

[32]葛梦兰,曾繁荣,王金叶,等.旅游特色小镇建设动力及提质增效路径——以广西恭城县莲花镇为例[J].桂林理工大学学报,2021,41(2):325-331.

[33]顾朝林.论中国建制镇发展、地域差异及空间演化——兼与"中国反城市化论"者商榷[J].地理科学,1995(3):208-216,297.

[34]郭小鹏.农地改革与日本战后农村城镇化[J].农业考古,2018(3):233-236.

[35]国家发改委"欧洲城市化与小城镇管理"考察团.欧洲三国城市化与小城镇管理[J].经济研究参考,2003(74):33-40.

[36]国家发展改革委.国家发展改革委关于加快美丽特色小(城)镇建设的指导意见[EB/OL].(2016-10-08)[2021-12-13]. https://www.ndrc.gov.cn/xxgk/zcfb/tz/201610/t20161031_963257.html.

[37]国家统计局农村社会经济调查司.中国县域统计年鉴 2021(乡镇卷).北京:中国统计出版社,2022.

[38]何仁伟.城乡融合与乡村振兴:理论探讨、机理阐释与实现路径[J].地理研究,2018,37(11):2127-2140.

[39]何兴华.小城镇规划论纲[J].城市规划,1999,23(3):8-12.

[40]胡锦涛.坚定不移沿着中国特色社会主义道路前进为全面建成小康社会而奋斗——在中国共产党第十八次全国代表大会上的报告[J].求是,2012(22):3-25.

[41]胡霞.日本农业扩大经营规模的经验与启示[J].经济理论与经济管理,2009(3):61-65.

[42]黄杉,武前波,潘聪林.国外乡村发展经验与浙江省"美丽乡村"建设探析[J].华中建筑,2013,31(5):144-149.

[43]黄卫剑,汤培源,吴骏毅,等.创建制——供给侧改革在浙江省特色小镇建设中的实践[J].小城镇建设,2016(3):31-33.

[44]黄虞庆.新型城镇化背景下浙江省临浦镇小城市培育研究[D].北京:

中国政法大学,2019.

[45]计翔翔.近代法国城市化初探[J].世界历史,1992(5):86-94.

[46]纪晓岚.英国城市化历史过程分析与启示[J].华东理工大学学报(社会科学版),2004(2):97-101.

[47]姜丽丽.德国工业革命时期的城市化研究[D].武汉:华中师范大学,2008.

[48]金国胜.韩国新村运动对我国城镇化建设的启示[J].湖北农机化,2013(6):11-13.

[49]金其铭,张小林,董新.人文地理学概念[M].南京:江苏教育出版社,1993.

[50]金三林,张海阳,孙昊,等.大力推动县域城镇化进程助力大中小城市和小城镇协调发展[J].农业经济问题,2022,514(10):53-59.

[51]金钟范.韩国落后地区开发政策特点及启示[J].东北亚论坛,2005(5):58-63.

[52]金钟范.韩国小城镇发展政策实践与启示[J].中国农村经济,2004(3):74-78,80.

[53]昆兹曼,莱伯,刘源.德国中小城镇在国土开发中扮演的重要角色[J].国际城市规划,2013,28(5):29-35.

[54]冷红,肇禹然,于婷婷.小城镇土地利用变化对碳排放的影响及优化策略研究——以浙江省长兴县为例[J].现代城市研究,2022(6):54-60,66.

[55]李兵弟,郭龙彪,徐素君,等.走新型城镇化道路,给小城镇十五年发展培育期[J].城市规划,2014,38(3):9-13.

[56]李国英.构建都市圈时代"核心城市＋特色小镇"的发展新格局[J].企业活力,2019(6):117-125.

[57]李林杰,中波.日本城市化发展的经验借鉴与启示[J].日本问题研究,2007(3):7-11,17.

[58]李明超.工业化时期的英国小城镇研究[D].上海:华东师范大学,2009.

[59]李明超.工业化时期英国水上运输与港口小城镇兴起[J].兰州学刊,2017(9):72-82.

[60]李帅,彭震伟.特色小城镇产镇融合的影响要素与实施路径——以丁蜀

特色小城镇为例[J].城市规划学刊,2023(1):111-118.

[61]李秀淼.日本小城镇建设[J].小城镇建设,2000(3):60-61.

[62]李志强.特色小城镇空间重构与路径探索——以城乡"磁铁式"融合发展为视域[J].南通大学学报(社会科学版),2019,35(1):50-57.

[63]厉华笑,杨飞,裘国平.基于目标导向的特色小镇规划创新思考——结合浙江省特色小镇规划实践[J].小城镇建设,2016(3):42-48.

[64]廖四顺.乡村振兴背景下特色农业与旅游业协同发展研究——以韩国长水郡为例[J].天津农业科学,2019,25(8):87-90.

[65]廖跃文.英国维多利亚时期城市化的发展特点[J].世界历史,1997(5):73-79.

[66]林小如,赵苏磊.美国农村城镇化历程、动力机制及特点研究[J].城市建筑,2019,16(13):87-92.

[67]刘华兵,王红梅,袁梦童.典型发达国家小城镇建设经验及启示[J].中国建设信息,2011(23):75-77.

[68]刘金源.论近代英国工厂制的兴起[J].探索与争鸣,2014(1):83-89.

[69]刘金源.农业革命与18世纪英国经济转型[J].中国农史,2014,33(1):76-84.

[70]刘莉,侯利文.超大城市镇域社区治理:何以可能,何以可为?——以上海市M镇为例[J].城市发展研究,2022,29(1):1-6.

[71]刘沛林.新型城镇化建设中"留住乡愁"的理论与实践探索[J].地理研究,2015,34(7):1205-1212.

[72]刘琪.日本生态村建设对中国小城镇发展的借鉴思考[J].小城镇建设,2014(4):75-79.

[73]刘盛和,王雪芹,戚伟.中国城镇人口"镇化"发展的时空分异[J].地理研究,2019,38(1):85-101.

[74]刘淑英.发达地区小城镇结构转型及其保障体系研究[D].重庆:重庆大学,2010.

[75]刘英.基于GIS的农村居民点用地时空特征及其优化布局研究——以湖南临澧县为例[J].国土与自然资源研究,2008(4):35-36.

[76]卢道典,陆嘉.新型城镇化背景下农业型小城镇特色化发展的转型策略——以山东省阳谷县高庙王镇为例[J].小城镇建设,2018(3):49-55.

[77]陆伟芳.1851年以来英国的乡村城市化初探——以小城镇为视角[J].社会科学,2017(4):153-167.

[78]陆伟芳.简析近代英国城市化的特征[J].扬州大学税务学院学报,1998(3):63-65.

[79]陆伟芳.小城镇在英国工业革命中的发展[J].学习与探索,2006(5):157-161.

[80]陆伟芳.英国中产阶级与19世纪城市发展[J].扬州大学学报(人文社会科学版),2007(3):113-118.

[81]陆希刚.前近代时期英格兰城镇系统的演变——从城镇演变看英格兰的近代化[J].世界地理研究,2006(4):61-67.

[82]罗海珑.乡村振兴战略下的浙江美丽乡村规划建设策略研究[D].杭州:浙江大学,2020.

[83]罗震东,何鹤鸣.全球城市区域中的小城镇发展特征与趋势研究——以长江三角洲为例[J].城市规划,2013,37(1):9-16.

[84]马欢."纯绿"村庄费尔德海姆[J].大经贸,2012(6):89-90.

[85]马黎明.多维度社会转型背景下的日本小城镇城镇化研究[J].中国名城,2015(6):87-90.

[86]宁越敏,查志强.大都市人居环境评价和优化研究[J].城市规划,1999,23(6):15-20.

[87]宁越敏,项鼎,魏兰.小城镇人居环境的研究——以上海市郊区三个小城镇为例[J].城市规划,2002(10):31-35.

[88]裴东伟.小城镇分类发展实施对策探析——以扬州市为例[J].小城镇建设,2016(1):61-65.

[89]裴逸飞,桑蓉棋,冷嘉伟.乡村营造中的人、地、村三方维系研究——基于中日乡村营造的成功经验[J].西部人居环境学刊,2020,35(3):98-108.

[90]祁新华,程煜,陈烈,等.国外人居环境研究回顾与展望[J].世界地理研究,2007(2):17-24.

[91]乔晶,耿虹.小城镇从"分化"到"再分化"的价值内涵辨释[J].城市规划,2021,45(5):46-55,82.

[92]曲凌雁.更新、再生与复兴——英国1960年代以来城市政策方向变迁[J].国际城市规划,2011,26(1):59-65.

[93]饶传坤,韩烨子.新型城镇化背景下工业型城镇空间规划引导初探——以慈溪市观海卫镇为例[J].浙江大学学报(理学版),2018,45(3):373-378.

[94]任霏,闻竞.河北省农业发展新思路——以日本新农村建设经验为鉴[J].新西部(理论版),2017(4):153-154.

[95]任一田,罗芸,陈洋,等.基于"职能—区位"两维视角的西南地区山地小城镇发展分类研究[J].建设管理研究,2018(1):89-105.

[96]荣娇婷.中法城市化发展模式比较[J].法国研究,2015(4):43-48.

[97]申东润.韩国小城市发展的经验[J].当代韩国,2010(2):55-63.

[98]盛科荣,王丽萍,孙威.中国城市价值链功能分工及其影响因素[J].地理研究,2020,39(12):2763-2778.

[99]施德浩,陈前虎,陈浩.生态文明的浙江实践:创建类规划的模式演进与治理创新[J].城市规划学刊,2021(6):53-60.

[100]石忆邵.德国均衡城镇化模式与中国小城镇发展的体制瓶颈[J].经济地理,2015,35(11):54-60,70.

[101]石忆邵.专业镇:中国小城镇发展的特色之路[J].城市规划,2003(7):27-31,50.

[102]宋豪.重庆五大功能分区下小城镇分类发展的探索与实践[J].农村经济与科技,2016,27(16):221-222,224.

[103]苏薇,倪欢,张毅.小城镇失落历史空间更新活化的规划路径——以南宁雁江古镇规划设计为例[J].规划师,2022,38(S1):80-87.

[104]隋丽丽.90年代以来大连城市人居环境变化及经济效应的数量分析[D].大连:辽宁师范大学,2006.

[105]孙东琪,鲁嘉颐,张明斗,等.借用规模与集聚阴影视角下中国小城镇服务功能评估——以苏南地区为例[J].地理科学进展,2022,41(2):199-213.

[106]孙婷.基于市镇联合体的法国小城镇发展实践及对我国的启示[J].小城镇建设,2019,37(3):26-31.

[107]孙卓元,黄勇,万丹,等.工业型小城镇用地演变的驱动机制分析——以四川省绵阳市松垭镇为例[J].现代城市研究,2021(11):106-114.

[108]覃盟琳,宋苑震,朱梓铭,等.基于核心竞争力评价的特色小城镇可持续发展路径仿真研究[J].现代城市研究,2022(11):92-99.

[109]汤爽爽,叶晨.法国快速城市化进程中的区域规划、实践与启示[J].现

代城市研究,2013,28(3):33-41.

[110]唐伟成,彭震伟.半城市化地区的发展特征与演化机制研究——基于江阴的案例[J].城市规划学刊,2020(5):62-68.

[111]唐永,李小建,娄帆,等.快速城镇化背景下中国小城镇时空演变及影响因素[J].经济地理,2022,42(3):66-75.

[112]田冬.新时期政策调整下的小城镇演变特征与趋势研究[J].小城镇建设,2017(9):68-72.

[113]田雯婷.特色小城镇的产业发展与城镇空间的耦合关系研究[D].成都:西南交通大学,2018.

[114]汪小宁.论全国小城镇发展的模式类型[J].宁夏社会科学,2004(4):61-62.

[115]汪增洋,张学良.后工业化时期中国小城镇高质量发展的路径选择[J].中国工业经济,2019(1):62-80.

[116]汪珠.浙江省小城镇的分类与发展模式研究[J].浙江大学学报(理学版),2008(6):714-720.

[117]王宝刚.国外小城镇建设经验探讨[J].规划师,2003(11):96-99.

[118]王春艳.美国城市化的历史、特征及启示[J].城市问题,2007(6):92-98.

[119]王岱霞.美丽城镇台州实践——浙江省台州市小城镇环境综合整治研究[M].北京:中国建筑工业出版社,2019.

[120]王枫云,唐思雅.美国小城镇发展的动力体系及其启示[J].城市观察,2019(1):82-91.

[121]王锋.西部小城镇发展潜力与生态经济效应及相关政策研究[D].咸阳:西北农林科技大学,2005

[122]王海飞.供给侧视阈下促进特色小镇高质量发展的思考——基于对浙江省特色小镇建设的调查[J].兰州大学学报(社会科学版),2019,47(4):131-139.

[123]王鹤.浙北地区乡村人居环境现状分析及评价[D].杭州:浙江农林大学,2014.

[124]王坤,贺清云,朱翔.新时代特色小镇与城乡融合发展的空间关系研究——以浙江省为例[J].经济地理,2022,42(8):72-80.

[125]王少剑,刘志涛,张婷婷,等.服务业与多维城镇化的耦合协调研究——以广州市为例[J].热带地理,2019,39(3):450-460.

[126]王绍琛,周飞舟.困局与突破:城乡融合发展中小城镇问题再探究[J].学习与实践,2022,No.459(5):107-116.

[127]王兴中.中国城市生活空间结构研究[M].北京:科学出版社,2004.

[128]王雪芹,刘盛和.小城镇特色要素定位方法及实证研究——以安徽省15个特色小城镇为例[J].地理学报,2022,77(6):1490-1505.

[129]王竹,钱振澜,贺勇,等.乡村人居环境"活化"实践——以浙江安吉景坞村为例[J].建筑学报,2015(9):30-35.

[130]魏后凯,张燕.全面推进中国城镇化绿色转型的思路与举措[J].经济纵横,2011(9):15-19.

[131]吴爱军.小城镇特色经济的内涵及特点探讨[J].长江大学学报(社会科学版),2013,36(5):63-65.

[132]吴国兵.国外人居环境建设的实践和经验[J].城市开发,2001(1):26-28.

[133]吴昊.日本乡村人居环境建设对中国乡村振兴的启示[J].世界农业,2018(10):219-224.

[134]吴康,方创琳.新中国60年来小城镇的发展历程与新态势[J].经济地理,2009,29(10):1605-1611.

[135]吴良镛.人居环境科学导论[M].北京:中国建筑工业出版社,2001.

[136]吴闫.城市群视域下小城镇功能变迁与战略选择[D].北京:中共中央党校,2015.

[137]吴宇哲,任宇航.以县城为重要载体的新型城镇化建设探讨——基于集聚指数的分析框架[J].郑州大学学报(哲学社会科学版),2021,54(6):65-71.

[138]吴元波,吴聪林.试探西方大都市郊区化过程中新城建设的经验及其启示[J].华东经济管理,2009,23(7):25-30.

[139]习近平.决胜全面建成小康社会 夺取新时代中国特色社会主义伟大胜利[N].人民日报,2017-10-28(1).

[140]夏鸣晓.德国小城镇发展的经验与启示[J].小城镇建设,2016(8):100-103.

[141]夏语婕,周玉新.发达国家农村人居环境建设的经验及其启示[J].中

国林业经济,2020(3):73-75.

[142]肖辉英.德国的城市化、人口流动与经济发展[J].世界历史,1997(5):63-72.

[143]解锰,石萌.都市农业型小城镇发展探析[J].小城镇建设,2013(5):96-99,104.

[144]邢来顺.德国工业化时期的城市化及其特点[J].首都师范大学学报(社会科学版),2005(6):15-19.

[145]徐和平,蔡绍洪.当代美国城市化演变、趋势及其新特点[J].城市发展研究,2006(5):13-16,22.

[146]徐继承.德意志帝国时期城市化研究(1871—1910)[D].武汉:华中师范大学,2012.

[147]徐琴.可持续发展观与优质人居环境的建设[J].学海,2002(6):89-92.

[148]徐云飞,李钰,刘粟伊.传统小城镇空间形态基因提取与量化表征方法研究——以汉中地区为例[J].城市发展研究,2023,30(3):73-80.

[149]闫佳祺.发达国家城镇化进程的经验借鉴与启示[J].税务与经济,2016(5):31-36.

[150]杨栋梁.日本近现代经济史[M].北京:世界知识出版社,2010.

[151]杨宏.新型城镇化背景下中国农业旅游发展路径探讨——基于日本农家乐旅游的分析[J].世界农业,2016(12):228-233.

[152]杨澜,付少平,蒋舟文.法国城市化历程对当今中国城市化的启示[J].法国研究,2008(4):97-100.

[153]杨忠信,马金莲,肖希清.宁夏农业型城镇发展研究[J].农业科学研究,2012,33(1):92-94.

[154]叶齐茂.德国可持续发展的城市化进程[J].城乡建设,2010(7):79-80.

[155]叶耀先.中国小城镇人居环境建设[J].中国人口.资源与环境,2006,16(4):1-4.

[156]易醇,张爱民.城乡一体化背景下的城乡产业融合协同发展模式研究[J].软科学,2018,32(4):105-109.

[157]于立,彭建东.中国小城镇发展和管理中的现存问题及对策探讨[J].

国际城市规划,2014(1):62-67.

[158]于立.英国城乡发展政策对中国小城镇发展的一些启示与思考[J].城市发展研究,2013,20(11):27-31.

[159]于晓滨.重庆市三类功能区小城镇经济发展差异及对策研究[D].重庆:重庆工商大学,2014.

[160]俞兵,严红萍.人居环境质量满意度评价指标体系初探[J].山西建筑,2006(3):16-17.

[161]俞正声.创建更安全的城市人居环境——庆祝 1998 年世界人居日[J].工程质量,1998(5):2.

[162]袁中金.中国小城镇发展战略研究[D].上海:华东师范大学,2006.

[163]曾江,慈锋.新型城镇化背景下特色小镇建设[J].宏观经济管理,2016(12):51-56.

[164]翟坤周,侯守杰."十四五"时期我国城乡融合高质量发展的绿色框架、意蕴及推进方案[J].改革,2020(11):53-68.

[165]张安迎,童昕,谷川宽树.日本爱知县从产业集群到生态城镇的发展经验.国际城市规划,2022,37(4):155-159.

[166]张琛,孔祥智.乡村振兴与新型城镇化的深度融合思考[J].理论探索,2021(1):92-100,120.

[167]张春花.我国主要城市城市化与人居环境协调发展初步研究[D].大连:辽宁师范大学,2005.

[168]张春阳.德、日、韩的农村人居环境建设政策及其启示[J].经济研究导刊,2014(14):72-73.

[169]张捷,赵民.新城运动的演进及现实意义——重读 PeterHall 的《新城——英国的经验》[J].国外城市规划,2002(5):46-49.

[170]张立,董舒婷,陆希刚.行政体制视角下的乡镇国土空间规划讨论——英国、日本和德国的启示[J].小城镇建设,2020,38(12):5-11.

[171]张立,杨明俊,白郁欣,等.发展与规划视角下我国小城镇研究的主要进展及重要议题[J].城市规划,2023(8):114-122.

[172]张美亮,王剑笠,易海军.美丽城镇建设的体检模式及纠偏机制研究[J].小城镇建设,2020,38(9):110-115.

[173]张卫良.工业革命前英国的城镇体系及城镇化[J].经济社会史评论,

2015(4):13-24,125.

[174]张蔚文.特色小镇研究的新议题[J].浙江经济,2017(10):27-29.

[175]张蔚文,卓何佳,麻玉琦.特色小镇融入城市群发展的路径探讨[J].浙江大学学报(人文社会科学版),2018,48(5):177-187.

[176]张亚峰.我国城市人居环境的可持续发展探析[D].成都:成都理工大学,2008.

[177]张颖,王振坡,杨楠.美国小城镇规划、建设与管理的经验思考及启示[J].城市,2016(7):72-79.

[178]张永强,郭翔宇,秦智伟.日本"一村一品"运动及其对我国新农村建设的启示[J].东北农业大学学报(社会科学版),2007(6):11-14.

[179]张之秀.德国城镇化发展经验及其对我国的启示[D].太原:山西大学,2015.

[180]赵光远,李平.特色城镇的发展路径探析——基于东北地区某省 80 余个城镇的调研报告[J].上海城市管理,2017,26(1):71-74.

[181]赵晖.说清小城镇:全国 121 个小城镇详细调查[M].北京:中国建筑工业出版社,2017.

[182]赵潇.农业型小城镇产业发展与城镇空间的耦合关系研究[D].西安:西安建筑科技大学,2020.

[183]赵星烁,杨滔.美国新城新区发展回顾与借鉴[J].国际城市规划,2017,32(2):10-17.

[184]赵煦.英国早期城市化研究[D].上海:华东师范大学,2008.

[185]赵莹.我国长三角地区小城镇发展研究[D].福州:福建师范大学,2013.

[186]赵之枫.乡村人居环境建设构想[J].生态经济,2001(5):50-52.

[187]浙江省人民政府.2011 年全省中心镇发展改革和小城市培育试点工作要点[R/OL].(2011-06-01)[2020-10-13].https://www.zj.gov.cn/art/2011/6/1/art_1229621584_56759.html.

[188]浙江省人民政府.浙江省人民政府关于加快特色小镇规划建设的指导意见[R/OL].(2015-04-27)[2020-10-13].https://www.zj.gov.cn/art/2015/4/27/art_1229621583_64068.html.

[189]浙江省人民政府.浙江省人民政府关于加快推进浙江城市化若干政策

的 通 知［R/OL］.（2000-09-01）［2020-10-13］. https：//www. zj. gov. cn/art/
2000/9/1/art_1229591319_64238. html.

　　［190］浙江省人民政府.浙江省推进城市化工作会议［R/OL］.（1999-05-11）
［2020-10-13］. https：//www. zj. gov. cn/art/2006/1/10/art_1546444_22504216.
html.

　　［191］浙江省人民政府.浙江省委城市工作会议［R/OL］.（2016-05-18）
［2020-10-13］. https：//zjnews. zjol. com. cn/zjnews/zjxw/201605/t20160519_
1560673. shtml.

　　［192］浙江省人民政府.浙江省新型城市化发展"十二五"规划［R/OL］.
（2012-07-14）［2020-10-13］. https：//www. zj. gov. cn/art/2012/7/14/art_
1229019364_63872. html.

　　［193］浙江省人民政府.浙江省新型城市化工作会议［R/OL］.（2014-04-18）
［2020-10-13］. www. lishui. gov. cn/art/2014/4/18/art_1229218389_57150339.
html.

　　［194］浙江省统计局,国家统计局浙江调查总队.2017浙江统计年鉴.北京：
中国统计出版社,2017.

　　［195］浙江省统计局,国家统计局浙江调查总队.2021浙江统计年鉴.北京：
中国统计出版社,2021.

　　［196］浙江省住房和城乡建设厅. 2020年浙江省村镇建设统计报表.杭州：
浙江省住房和城乡建设厅,2021(2022-02-28)［2022-12-13］.

　　［197］郑春荣,夏晓文.德国的再城市化［J］.城市问题,2013(9)：82-88.

　　［198］郑飞.山东省新农村建设环境瓶颈问题解析［D］.青岛：青岛理工大
学,2011.

　　［199］中共中央,国务院.关于促进小城镇健康发展的若干意见［J］//中国城
市年鉴2001,2001：65-67.

　　［200］中共中央,国务院.关于调整市镇建制、缩小城市郊区的指示［M］//中
国社会科学院人口研究中心.中国人口年鉴.北京：中国社会科学出版社,1985：
96-97.

　　［201］中共中央,国务院.关于全面推进乡村振兴加快农业农村现代化的意
见［J］.中华人民共和国年鉴2022,2022：530-534。

　　［202］中共中央、国务院.关于调整建镇标准的报告［R/OL］.（1984-11-22）

[2020-10-13]. https://www. gov. cn/zhengce/content/2016-10/20/content _ 5122304. htm.

[203]中共中央.党的十五届四中全会[R/OL].(1999-09-22)[2020-10-13]. https://www. gov. cn/test/2009-10/10/content_1435023. htm.

[204]中共中央.关于加快农业发展若干问题的决定[M]//王振川.中国改革开放新时期年鉴.北京:中国民主法制出版社,1979:791-798.

[205]中共中央.关于加强小城镇建设的若干意见[M]//中国开放年鉴.北京:经济日报出版社,1996:421-422.

[206]中共中央.浙江省城镇体系规划(2011—2020)[R/OL].(2011-03-02) [2020-10-13]. https://www. gov. cn/gzdt/2011-03/02/content_1814468. htm.

[207]中共中央.中共中央关于农业和农村工作若干重大问题的决定[M]// 邱晓华,刘成相.中国发展报告北京:中国统计出版社,1999:3-11.

[209]中国住房和城乡建设部.国务院批转全国城市规划工作会议[R/ OL].(2001-10-31)[2020-10-13]. https://www. mohurd. gov. cn/gongkai/ fdzdgknr/zgzygwywj/200110/20011031_155448. html.

[209]周恺,刘力銮,戴燕归.收缩治理的理论模型、国际比较和关键政策领域研究[J].国际城市规划,2020,35(2):12-19, 37.

[210]周岚,于春.乡村规划建设的国际经验和江苏实践的专业思考[J].国际城市规划,2014,29(6):1-7.

[211]周旭霞.特色小镇的建构路径[J].浙江经济,2015(6):25-26.

[212]朱玲.杭州古代城市人居环境营造经验研究[D].西安:西安建筑科技大学,2014.

[213]朱彤.中日小城镇发展模式比较研究[J].世界农业,2017(12):182-187.

[214]竹丽凡."需求-适应"视野下杭州胥口文旅小城镇人居环境营建策略 [D].杭州:浙江大学,2020.

[215]庄解忧.英国工业革命时期城市的发展[J].厦门大学学报(哲学社会科学版),1984(3):114-123.

[216]邹德玲,丛海彬,李钰,等.长三角城市群内小城镇产业集聚效率时空演变与影响因素[J].经济地理,2023,43(4):73-82.

[217]Campbell A P. The quality of American life:perceptions,evaluations

and satisfactions[M]. New York:Russell Sage,1976.

[218]Cilliers E J,Diemont E,Stobbelaar D J,et al. Sustainable green urban planning:the Green Credit Tool[J]. Urban Ecosystems,2001,5(1):57-66.

[219] Dongsup J. A study on the legislative system for the effective operation of residents autonomy council[D]. Seoul:Konkuk University,2019.

[220]Doxiadis C A. Action for human settlements[M]. Athens:Athens Publishing Center,1975.

[221] Doxiadis C A. Athroplpolis: city for human development [M]. Athens:Athens Publishing Center,1975.

[222]Doxiadis C A. Ekistics:an introduction to the science of human settlements[M]. Athens:Athens Publishing Center,1968.

[223]Geddes P. Cities in evolution:an introduction to the town planning movement and the study of civicism[M]. New York:Howard Ferug,1915.

[224] Howard E. Garden cities of tomorrow [M]. London: Faber and Faber,1946.

[225] Saarinen E. The city:its growth,its decay,its future [M]. New York:Reinhold Publishing Corporation,1943.

[226]Vidich J, Bensman J. Small town in mass society:class,power,and religion in a rural community[M]. Urbana:University of Illinois Press,2000.

[227]Wirth P,Elis V,Müller B, et al. Peripheralisation of small towns in Germany and Japan-dealing with economic decline and populationloss [J]. Journal of Rural Studies,2016(47):62-75.